이제 꿈에서 깰 시간입니다

이제 꿈에서 깰 시간입니다

김불꽃의
현실자각
인생책략

김불꽃 지음

흐름

프롤로그

선생님, 안녕하십니까.

먼저 죄송한 말씀드립니다.

요즘 흔히 말하는 '인별 갬성'이 잔뜩 묻어난 '더 이상 아
프지 말아요', '다치지 마요', '나는 소중하니까요' 같은 따
뜻한 말 따위는 이 책에 없습니다.

위로와 공감을 받는 순간,

남의 잘못엔 지나치게 상처받고, 나의 잘못엔 죄책감이
없어집니다.

누가 선생님더러 그러라고 했습니까.

 이제는 감성 말고 이성을 찾아야 할 때입니다.

다친 '나'를 위로해 주고 공감해 주는 글귀는 이미 수없이 많습니다. 그러나 '나만' 다친 것이 아닙니다. 내가 다친 만큼 남도 다쳤습니다.

감성에 취해 내 감정을 추스르는 데에만 급급해진 나머지 우리는 나를 알기 전에 남을 아는 체합니다. 남을 함부로 심판하거나 남이 나를 함부로 심판할 권리를 멋대로 부여합니다.

남의 실수는 절대 그냥 지나치는 법이 없고, 인연을 맺고 끊는 일을 마트에서 물건 사고 영수증 끊듯이 쉽게 생각합니다.

그런 건 현실이 아닙니다. 꿈입니다.
이제 그만 깨어날 때도 됐습니다, 선생님.
정신 차리세요.

'너 나 알아?'

이 말은 몸싸움 전에 서로의 족보를 확인하기 위해서만 쓰는 게 아닙니다.

자세히 살펴보세요.

'너', '나' 알아?

입니다.

자신을 아십니까?

타인을 아십니까?

관용을 아십니까?

수용을 아십니까?

포용을 아십니까?

이해를 아십니까?

이성적으로 생각하십시오.

선생님께서 이 책을 읽은 후엔 이 질문들에 당당히 "YES" 라고 대답하시게 될 겁니다.

인간관계가 왜 힘듭니까?

저 사람은 왜 나를 아프게 합니까?

나는 왜 이 행동을 하기가 어렵습니까?

이성적으로 다가가십시오.
선생님께서는 이제 이 질문들의 이유를 찾게 될 겁니다.

위로와 공감은 나를 다독이고 나의 행동에 '선'이라는 정당성을 부여해 주지만, 남의 행동에는 악의만 있다고 믿으며 나를 변화시키지 않습니다.
따뜻하고 달콤한 그것들에 더 이상 갇혀 있지 마십시오.
같이 앞으로 나아갑시다.

나를 알면 남이 보입니다.
남이 보이면 남을 이해할 수 있습니다.
남을 이해하면 이 세상에 이해하지 못할 것이 없습니다.

B급 감성을 뒤로하고 고품격 이성으로 새롭게 돌아온 김불꽃이 고양이 책사가 되어 나와 남에게 다가가는 방법을 차근차근 알려드리겠습니다.

이 세상에 나를 알아주는 사람은 없고, 나와 마음 맞는 사람은 찾기 힘들며, 인생은 원래 혼자 살아가는 것이라며 한탄하고 위로와 공감만 찾는 선생님들과 함께하고 싶습니다.

아프겠지만, 저와 함께해 주시겠습니까?

차례

프롤로그 · 4

1장. '나'를 포기하지 말 것

2장. '남'을 판단하지 말 것

나를 지키기 위해선 때로는 가면을 쓰고, 때로는 가식도 부릴
줄 알아야 합니다. 우리는 조금 영악해질 필요가 있습니다.

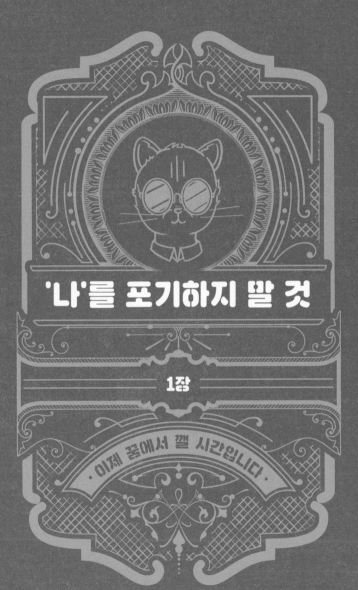

'나'를 포기하지 말 것

1장

이제 꿈에서 깰 시간입니다

선생님, 안녕하세요.
선생님과 이야기 나누는 첫 시간이네요.

오늘은 사람의 본질에 대해
이야기 나눠보겠습니다.

사람의 본질

너는 누구냐? 나는 나다.
네가 누군데? 나는 나라니까.

사람의 본질은 무엇일까요.

사실 저도 잘 모르겠습니다.

인성론을 주장한 맹자, 순자, 루소도 서로 말씀이 다른데

저라고 썩 별수 있겠습니까.

저 세 분도 말이 다른 김에 우리도 우리 나름대로 정리 한

번 해봅시다.

정답이 아니면 어떻습니까. 우리끼리 하는 말인데요, 뭘.

성선설性善說, 성악설性惡說, 성무선악설無善惡說.

이 세 가지 인성론 중 우리가 나눌 이야기는 성무선악설
에 가까우나 조금 다를 수도 있겠습니다.

선과 악, 그리고 무.
선은 무엇이고, 악은 무엇이며, 무는 무엇일까요?

우리는 인권을 침해하거나 우리에게 소중한 것에 해악을
끼치는 행위들을 '악'이라 부르고, 범죄로 인식합니다.

반대로 악을 행하는 자에게 심판을 내리는 행위, 생명체
가 연명하도록 도와주거나 지켜주는 행위, 자신을 헌신하
여 남을 도우려는 마음 등 우리와 우리가 소중하게 생각
하는 것들에 이로운 행위를 '선'이라 부르고, 봉사 또는
배려라고 인식합니다.

이 선과 악은 누가 창조했으며, 누가 구분 지었을까요?
바로 인간입니다.

악행은 법전에 적혀 있고, 선행은 성전에 적혀 있지요.

인간은 죽을 때까지 선과 악을 학습하며 살아갑니다.

그렇다면 '무'는 무엇일까요.

인간은 태어날 때부터 아무런 본성이 없다는 말에는 동의
하기가 힘듭니다. 이제 막 태어난 아기도 호好와 불호不好
가 있습니다. 성에 차지 않으면 울고 저지레를 하고, 만족
스러우면 웃고 대상을 취하려 하지요.

이처럼 세 가지 인성론으로는 인간을 완벽히 정의하거나
표현할 수 없습니다.

인간이 불확실한 존재인 것은 분명해 보입니다.

하지만 동시에 완전한 존재임이 틀림없습니다.

인간은 스스로 선과 악을 구분하고, 본능과 본성을 제어
할 줄 알며, 지구상 어느 동물보다도 이해타산적입니다.

물론 그 이면에는 나약하고 불안정한 모습도 내재되어 있
겠지요.

한 가지 질문을 해볼게요.

누군가 선생님께 "선생님은 누구십니까?"라고 묻습니다.
그럼 선생님께선 뭐라고 답하시겠습니까?

선생님의 존함? 성격? 지위?
그건 나를 '나타내는' 것들이지요.
나를 나타내는 것 말고 '나'요.

질문을 잘 살펴보세요.
"선생님의 존함이 어떻게 됩니까?"
"선생님의 성격은 어떻습니까?"
"선생님의 직업은 무엇입니까?"가 아닙니다.

"선생님은 '누구'십니까?"입니다.

선생님은 선생님입니다.
저는 저고요.
쟤는 쟵니다.

 무언가가 '나'를 나타내기 이전부터 '나'는 '나'
입니다.

'나'는 이미 '나'로써 '나'를 나타내고 있습니다.
'내'가 '나'임으로써 그 역할과 기능을 완벽히 수행하고 있는 겁니다.

바꿔 말해, 인간은 인간입니다.
어떤 행위를 해서 인간이 아니고, 날 때부터 인간이기에 인간입니다.

그러니 이제 진짜 '나'와 가짜 '나'를 구분하지 맙시다.
의미 없는 구분입니다.

누군가에게 지시를 내릴 땐 근엄한 모습, 누군가에게 부탁할 땐 아부하는 모습, 누군가를 싫어하지만 필요에 의해 곁에 둬야 할 땐 가식적인 모습.

이런 것들을 소위 '가면'이라고 표현하는데, 이것 또한 선생님이고 저입니다.

많은 사람이 '진짜 나'와 '가짜 나'를 애써 구분하려다 보니 가면을 쓴 내 모습에 괴리감을 느끼고, 종국에는 그런 자신을 싫어하는 양상을 띠게 됩니다.

이런 괴로움들이 뭉쳐져 우울증을 만들어내고 정신적인
병리 증세를 만들어내는 것이 아닌가 싶습니다.

 무엇이 되었든 결국 '내'가 행하는 모든 것이 '나'
의 발자취고 '나'의 생이며 '나'의 존재입니다.

'나'를 이해했다면,

이제는 있는 그대로의 '나'를 받아들이세요.

선생님, 안녕하세요.
오늘은 자기객관화에 대해
이야기 나눠보겠습니다.

자기객관화

책략 2항

나를 알면 모든 것이 나다워진다.

대인관계가 힘들다고 말하는 사람들은 크게 세 가지 유형으로 나뉩니다.

1. 나를 탓하는 인간

'사교성이 부족해서 사람을 상대하는 것이 어려워요.'

'어릴 적 대인관계 트라우마로 인해 사람이 무서워졌어요.'

 그건 선생님께서 덜 약았기 때문입니다.

이제 막 자아가 생기는 유아기를 예로 들어보겠습니다.

햇님유치원 장미반 소속인 이 아이는 유독 친구들에게 인기가 좋습니다.

자기를 중심으로 친구들이 모이다 보니 무리 지어 한 아이를 괴롭히기도 하고, 친구들을 부려 나쁜 짓을 시키기도 합니다. 어른의 시각에서는 그 아이가 순수 악惡이라고 생각하거나 싹수가 노랗다고 표현할 것입니다.

그러나 이것은 '나'를 인지하고 있는 정도의 차이입니다.

이 세상엔 '나'를 조금 더 빨리 아는 사람이 분명히 존재합니다.

이 아이는 자신을 너무나 빨리, 그리고 잘 깨닫고 있습니다.

'나'는 어떤 사람인가부터 시작해 나의 매력은 무엇인지, 내가 어떤 행동을 하면 사람들이 좋아하고, 나를 따르는지 잘 파악하고 있는 것입니다.

당연히 이 아이의 행동에는 문제가 많지요. 선과 악을 구분하는 학습과 훈련을 통해 옳고 그름에 대한 판단력을 심어줘야 합니다.

하지만 우리가 주목해야 할 것은 따로 있습니다.

나이와 관계없이 내가 뭘 원하는지 분명하게 알면 상대방에게 분명하게 요구할 수 있으며, 내가 원하는 것을 가질 수 있다는 점이죠.

흔히들 이것을 기질의 차이라고 합니다.

타고나길 어리숙하고, 타고나길 이치에 빠르고.

이런 것들을 기질이라는 단어로 묶지요.

저는 조금 다르게 생각합니다.

'나'를 안다는 것은 생각보다 엄청난 힘을 가집니다. 내가 어떤 인간인지 얼마나 빨리, 그리고 잘 파악하느냐에 따라 인간의 기질이 달라지니까요.

그 속도가 더디거나 제대로 파악하지 못한다면 '나'를 깨달아가는 다른 사람들에게 뒤쳐져 점점 대인관계가 힘들어지고, '나'는 병들어 갈 것입니다.

선생님께선 지금 '나'를 얼마나 파악하고 계십니까.

2. 남을 탓하는 인간

'나는 최선을 다했는데, 상대방한테 돌아오는 게 없어요.'
'상대방의 수준이 너무 낮아서 탈이에요.'

 그건 선생님 기준입니다.

선생님께서 보시기에 상대가 애정 결핍이라 온갖 정성과
사랑을 쏟아 상대를 대했다고 가정해 봅시다. 상대는 그
것을 알아차리고 선생님께 고마워하고 기뻐할까요?
천만에. 상대방은 사실 사랑이 충분합니다.
상대방 주변에는 이미 선생님 같은 분이 차고 넘칩니다.
상대방은 본인 스스로가 애정 결핍임을 인정하지만 어떤
사랑에 목이 말랐는지 구체적으로 알지 못합니다.
그래서 주변의 끊임없는 관심과 사랑에도 그것을 제대로
받는 법을 몰라 늘 목이 마릅니다.
선생님의 허벅지 살을 끊어 상대에게 바친다 한들, 상대
방은 잠깐의 감동, 그 이상도 그 이하도 아닐 겁니다.

한 가지 예를 더 들어보겠습니다.
선생님께서 보시기에 상대가 본데없고, 교양 없고, 예의

까지 없어서 선생님은 매번 학식과 교양, 그리고 예의를 동원해 상대를 대했다고 가정해 봅시다. 상대는 그것을 알아차리고 자신의 행동을 돌이켜보면서 선생님을 본보기 삼아 학습할까요?

천만에, 우이독경. 상대방은 그것이 교양이며 예의인 줄 모릅니다. 선생님을 꼰대, 재미없는 사람으로 인식하지 않는다면 그나마 다행일 것입니다.

아, 선생님을 멀리할 수는 있겠습니다.

선생님께서 정한 기준, 선생님께서 보는 시각, 선생님께서 그은 선을 토대로 상대를 안다고 자부하지 마십시오.

나는 최선을 다했노라 자만하고 상대가 반드시 그것을 알아야만 한다고 거만 떨지 마십시오.

선생님께선 지금 어떤 기준과 어떤 시각을 갖고 어떤 선을 긋고 계십니까.

3. 나와 남의 다름을 이해하는 인간

'나 자신을 알라.'

'남을 이해하라.'

'진리를 깨달아라.'

사실 대부분의 종교나 철학에서는 같은 말을 합니다. 종교나 철학마다 그 전달자가 다를 뿐, 전달하려는 의미는 대부분 같습니다.
속세를 떠나라든가, 구원을 받아야 한다는 종교적 이야기가 아닙니다.

 결국 자기객관화입니다.

소크라테스가 말했습니다.
'너 자신을 알라.'
이게 무슨 말이겠습니까.
네 위치를 알라? 네 본분을 알라?
아닙니다. 말 그대로입니다. 너 자신을 알라는 소리예요.
이 쉽고도 명쾌한 명언을 두고 사람들은 참 다양하게 이해하고 해석합니다.
그냥 각성하라는 소리입니다.

'나를 알면 남이 보이고, 남이 보이면 세상이 보인다.'

바로 이겁니다.

이 간단명료한 것을 입에서 입으로, 글에서 글로 전달하다 보니 옮기는 자들의 주관적인 생각이 서로 엉켜 마치 다른 결과물처럼 보이는 것입니다.

수많은 애니메이션, 영화, 각종 미디어에서 왜 주인공은 항상 '각성'하고 힘을 얻을까요.

나의 성질, 나의 본질을 깨달았기 때문입니다.

영화 같은 드라마틱한 변화는 이 세상에 없을 것 같지만, 만약 선생님께서 자기객관화라는 '각성'의 힘을 가지면 세상이 나를 대하는 것도, 내가 세상을 대하는 자세도 달라질 것입니다.

'남이 나를 보면 어떻게 생각할까?'

'내가 이렇게 말하면 상대방이 싫어하겠지?'

이렇게 남의 눈치를 보라는 이야기가 아닙니다.

오해하지 말아주세요.

이것은 자기객관화라고 볼 수 없습니다.

남의 틀에 끼워 맞춰질 생각은 일찌감치 버리도록 합시다.

나의 기본 성질은 무엇인지부터 순서대로 파악하여 내가 어떤 모습일 때 가장 나답고, 내가 어떤 말을 내뱉을 때 가장 나다운 대답인지를 찾는 것입니다.

모든 것에서 나다움을 찾는 것, 그것이 자기객관화입니다.

선생님, 안녕하세요
오늘은 개쌍마이웨이에 대해
이야기 나눠보겠습니다.

개쌍마이웨이

책략 3항

길도 혼자 가면 외롭다.

요즘 기본적인 TPO를 잊고 살아가는 분들이 많습니다.
시간Time, 장소Place, 상황Occasion에 맞게 옷차림을 갖추는
것은 기본 중의 기본인데 말이지요.

선생님 주변을 한번 둘러보세요.
아르바이트 면접 자리에 정장까진 아니더라도 단정한 옷
차림은 기본인데, 후드를 뒤집어쓰고 슬리퍼를 끌고 나오
는 경우. 중요한 자리에 과도한 노출 차림으로 나오는 경
우를 종종 볼 수 있을 겁니다.

비단 TPO뿐만 아니라 그 밖의 모든 언행을 기본에 어긋나게 사용하는 사람들을 심심찮게 마주할 수 있습니다.

요즘에는 이렇게 남들이 뭐라고 하던 '나는 내가 하고 싶은 대로 한다'는 마인드의 소유자들을 '개쌍마이웨이'라고 부르고, 이들을 지적하는 사람을 '꼰대'라고 부릅니다.

이상하지 않습니까, 선생님?

기본적인 사회 규범을 우리는 다른 말로 '예절'이라고 부릅니다. 개쌍마이웨이들은 이 예절을 우리나라에서만 자행되는 꼰대적인 관습이라고 부르고요.

외국이라고 다를까요?
우리나라에서만 존재하는 게 아닙니다.
외국에도 예절은 존재합니다.
나라마다 예절이라는 것이 존재합니다.
영어권에서는 그것을 매너라고 부르지요.

예절과 매너.

모두 기본적인 사회 질서, 절차를 의미하는 단어입니다.
사회구성원인 이상, 우리는 이것들을 무시하고 살아갈 수
없습니다.
그렇기 때문에 기본적인 사회 규범은 사회구성원으로서
일정 수준까지는 따르는 게 도리지요.

한 식당에서 누가 음식을 다 먹어놓고 맛없다며 계산을
하지 않겠다고 난동을 피웁니다. 우리는 이 사람을 '진상'
이라고 부릅니다.
그 옆에 앉은 한 아이의 어머니는 우리 아이가 먹을 메뉴
에 없는 음식을 만들어달라며 고집을 피웁니다. 우리는
이 사람을 '맘충'이라고 부릅니다.

참 이상하지 않습니까, 선생님?

저들도 그저 저들이 하고 싶은 대로 했을 뿐인데 왜 저들
은 '개쌍마이웨이'라는 멋들어진 이름으로 불리지 않을까
요. 남에게 피해를 줘서요?
그렇다면 개쌍마이웨이들은 정말로 아무에게도 피해를
주지 않는 것일까요?

아닙니다.

본인에게 막대한 피해를 주는 행위입니다.

 우리는 남에게 피해를 주는 행위는 극도로 혐오하면서, 본인에게 피해를 주는 행위는 방치합니다.

물론, 그 반대가 되어야 한다고는 생각하지 않습니다.

둘 다 자제해야 하는 것이 맞습니다.

남에게도 피해를 끼치지 않고, 본인에게도 피해를 주지 않아야 합니다.

우리는 이것을 잊고 살아갑니다.

이 기본적인 TPO나 사회 질서를 무시하면서까지 내가 내 멋대로 행동해서 얻는 것이 무엇입니까?

자유요? 네. 자유에는 항상 그 책임이 따르지요.

내가 내 손으로 내 이미지를 말아먹고 있는데 그런 내가 도대체 무슨 수로 나를 책임질 수 있겠습니까.

아무리 하찮은 일자리 면접일지라도 선생님께서 잘 보여

야 하는 상대에게는 예를 갖추는 것이 이득입니다.

선생님께서 그렇게 하찮다고 생각하는 일자리를 선생님이 필요해서 찾아간 것이기 때문이지요.

선생님께 득이 된다면, 또 그것이 필요하다면 그 룰을 따르는 게 맞습니다.

중요하고 어려운 자리는 어떻게 만들어질까요.

본인에게 아주 지대한 영향을 끼치고 본인 인생에 있어 큰 영향력을 행사할 수 있는 자리라는 뜻이겠지요. 혹은 나와 가까운 사람의 인생이 달린 자리일지도 모르고요.

두말할 것 없이 룰을 따르는 게 당연합니다.

왜?

아마 선생님께선 선택하는 입장이 아니라 선택받는 처지이실 테니까요.

이런 행위들을 '이미지 메이킹'이라고 합니다.

선생님의 이미지도 지키고 상대방도 배려하면서 모두가 win-win 할 수 있고, 사회 질서도 지키는 아주 간단하면서도 나이스한 방법이지요.

이 개쌍마이웨이와 더불어 '싸가지 없는 썅년'이 바보 같이 착한 사람보다 낫다는 말도 유행처럼 번지고 있습니다. 바보처럼 착해봤자 한번 잘못하거나 실수하면 금방 평판이 나빠지거나 못난 사람이 되기 십상인데,

반대로 처음부터 싸가지 없는 썅년이면 아무리 잘못하고 실수해도 남들이 '쟨 원래 저러니까' 하고 그러려니 넘어간다는 의미에서 말입니다.

 제 얘기를 잘 들으십시오, 선생님.
싸가지라는 것은 말입니다.
싹수, 즉 상대방에 대한 예의나 배려입니다.

우리는 자아가 생성되지 않은 갓난아기를 제외하고는 대부분 싸가지가 없으면 안 되는 위치에 있습니다.
나이와 직급 불문, 위에선 아래로 싸가지가 있어야 하고, 아래에선 위로 싸가지가 있어야 합니다.
제 말 무슨 말인지 아시겠습니까?

그러니 내가 어떤 위치에 있든 싸가지를 버리시면 안 됩니다. 싸가지를 항시 장착해야 한다는 뜻입니다, 선생님.

아무리 실수나 잘못을 해도 원래 싸가지가 없으면 쟤는
원래 그러려니 한다고요?

천만에요.

왜 실수나 잘못할 경우만 가정합니까.

아무리 잘나고 아무리 출중해도 싸가지가 없으면 선생님
께선 그냥 싸가지 없는 사람이 되는 겁니다.

그 이상도 그 이하도 되지 않는다고요.

싸가지 없고 능력 출중한 사람과 싸가지 있고 능력 없는
사람 중 누구를 선택하겠습니까?

싸가지 없고 능력 출중한 사람이요?

아니요. 선생님께선 아주 큰 착각을 하고 계시네요.

당연히 싸가지 있고 능력 출중한 사람을 선택합니다.

개쌍마이웨이든 싸가지 없는 쌍년이든 남의 눈치 안 보고
내가 하고 싶은 것을 하겠다는 취지는 아주 좋습니다.

선생님의 꿈과 목표, 미래에 분명 도움 되는 일인데 남의
눈치를 보느라 시작하지 못한다면 개쌍마이웨이 정신으
로 쌍년이 되어 불도저처럼 앞으로 나아가세요. 아주 훌
륭하기까지 합니다.

하지만 당장 선생님께서 입고 싶은 옷, 하고 싶은 말, 하고 싶은 행동 때문에 본인 미래에 엄청난 손해를 끼친다면 이 얼마나 바보 같은 짓일까요.

고작 찰나의 행동으로 뭐 얼마나 큰 타격이 오겠냐고요?
그걸 지적하는 사람이 잘못된 게 아니냐, 혹은 꼰대가 아니냐고요?

아니요, 선생님. 사회 규범이란 사회구성원간의 약속입니다.
사회구성원으로서 마땅히 지켜야 할 도리를 깨부수면 타인의 시선은 당연히 냉정해질 수밖에 없습니다.
기본적인 사회 규범과 질서조차 지키지 않는 사람과 무엇을 함께할 수 있겠습니까?

꼰대들이 정한 사회 규범과 질서를 지키는 것 외엔 다 자신 있다고요?
그걸 무엇으로 증명하실 겁니까?
다 자신 있으면서 예절까지 지키는 인재들은 세상에 차고 넘칩니다.

선생님을 선택하고, 선생님에게 기회를 주는 이들이야말로 선생님이 칭하시는 바로 그 꼰대들 아닙니까?

독불장군은 외롭습니다, 선생님.

왠지 이 말이 떠오르네요.
'님아, 그 강을 건너지 마오.'

그리고 이 말을 전해드리고 싶습니다.
'님아, 그 강은 혼자 건너기엔 너무 외롭소.'

선생님, 안녕하세요.
오늘은 팔색조에 대해
이야기 나눠보겠습니다.

팔색조

책략 4항

변화무'샹' 아니고 변화무'쌍'.

다들 내면을 가꾸라고들 하는데, 선생님 저는 좀 생각이 다릅니다.
외면을 가꿔야 한다고 생각해요.

눈빛, 인상, 표정, 말투, 동작, 자세, 옷차림, 행동거지 등.
사람의 표면에서 드러나는 것들이요.

아, 제가 말실수를 했네요.
이미 표출된 외면 외에 감춰진 내면도 겉으로 표출해야

한다고 생각합니다.

표출해야 할 내면은 무엇일까요.
선한 마음씨? 정직하고 올바른 사고?
아니요, 선생님. 선생님 속에 천사가 들어 있든 악마가 들어 있든 사실 그건 별로 중요하지 않습니다.

열 길 물속은 알아도 한 길 사람 속은 모른다는 속담 아시지요?
선생님께서 어떤 생각을 가지고, 어떤 마음씨를 가졌는지는 알 수 없을뿐더러 사람들은 그것을 알고 싶어 하지도 않습니다.
아니, 애초에 사람 속이 한 길일 리가 없지 않습니까.

그저 선하고 정직하게 행동하면 선한 마음씨를 가진 정직한 사람처럼 보일 뿐이지요.

 가면, 가식 이런 것들을 부정어라고 생각하는데, 저는 '긍정어'라고 봅니다.

이것들이 선생님을 이미지 메이킹 해줄 도구니까요.

우리는 학창 시절, 수련회에 가서 교관에게 이런 말을 한 번은 들어봤을 겁니다.
"본 교관은 여러분이 하기에 따라 천사가 될 수도, 악마가 될 수도 있습니다."
사실은 학생들도 교관이 어떻게 하느냐에 따라서 천사가 될 수도 악마가 될 수도 있는데 말이에요.

그렇습니다.
누구나 상대가 어떻게 하느냐에 따라 천사가 될 수도, 악마가 될 수도 있습니다.
반대로 선생님께서 어떻게 하느냐에 따라 상대는 천사가 될 수도, 악마가 될 수도 있겠지요.

선생님을 포함하여 전 세계 모든 인간은 태어난 순간부터 죽는 날까지 한 모습, 한마음으로 살아가지 않습니다. 그렇게 살아갈 수가 없어요.
우리를 둘러싼 환경은 늘 변화무쌍하니까요.

우리도 환경에 맞춰 변화무쌍해져야 합니다.

선생님께서 평생을 살아가며 일구어낼 평판이라는 것은,
선생님께서 앞으로 나아갈 미래에 지대한 이익을 가져올
수도, 막대한 제약을 걸 수도 있습니다.
그렇기 때문에 더더욱 평판, 즉 이미지 메이킹에 투자하
셔야 한다는 겁니다.

예를 한번 들어볼게요.

다수의 무리에 속한 A와 소수의 무리에 속한 B가 말다툼
을 합니다. 누가 봐도 잘못은 A가 했습니다.

이 싸움에서 누가 승리할까요?

A입니다.
잘잘못을 가리는 것은 사실 별로 중요하지 않습니다.
다수의 무리라고 했잖습니까.
A의 편이 되어줄 사람들이 많거든요.

치사하다고요?

A는 A의 편이 되어줄 사람들을 그냥 만들었겠습니까?

A의 뒤에 선 사람들은 잘잘못을 가릴 줄 모르는 바보 천치라서 A편을 들어주겠습니까?

아니지요.

그동안 A가 B보다 이미지 메이킹에 더 노력을 기울여왔고, A의 행보가 그 사람들의 마음을 움직였기 때문입니다. A가 잘못을 했더라도 'A가 그랬다면 그럴 만한 이유가 있었을 거야' 하며 한 번 더 생각하는 계기를 만들어내는 거죠.

왜 그 노력을 무시하십니까.

평판, 여론. 이런 것들은 결국 사람이 만들어냅니다.

선생님께서 암만 좋게 이미지 메이킹을 한다고 해도 그것을 평가할 사람이 없거나 적으면 아무 소용없지요.

그렇다면 그것을 평가해 줄 사람들은 어떻게 해야 많이 얻을 수 있을까요?

선생님께서 얼마나 좋은 방향으로 자신을 이미지 메이킹 하느냐에 달려 있습니다.

관계 형성, 이미지 메이킹.
어느 쪽도 중요하지 않은 것이 없습니다.

언제까지 화가 나면 화가 나는 대로, 짜증나면 짜증나는
대로 감정을 표출하며 제 마음대로 하실 생각입니까.
그건 변화무'쌍'이 아니라 변화무'쌍'이에요.

나를 지키기 위해선 때로는 가면을 쓰고, 때로는 가식도
부릴 줄 알아야 합니다.
하루아침에 안면몰수하고 남을 배신하는 것만이 가면이
고 가식이 아닙니다.

그렇게 거창할 것도 없습니다.

마냥 착하기만 하면 당합니다.
마냥 나쁘기만 해도 당합니다.
그러나 이것 하나만 잘 지키면 선생님께선 당할 일도 없
을뿐더러 꽤 괜찮은 사람이라고 평가받으실 겁니다.

 가장 기본적이지만 가장 많이들 놓치고 있는 것.

바로 예절. 매너입니다.

인사 잘하기, 웃어른 공경하기 같은 아주 기초적인 단위의 예절도 중요합니다만, 저는 지금 그걸 말씀드리는 게 아닙니다.
아주 사소하지만 지키면 센스 있는 것들이요, 선생님.

제가 초등학교 2학년 때 일입니다.
1학기가 시작되는 반 배정 날이었습니다. 담임선생님이 들어오셔서 출석부를 부릅니다.
아이들의 호명이 끝나고, 호명되지 않은 아이는 손을 들라고 하셨습니다. 한 남자아이가 손을 들더군요.
확인해 보니 그 남자아이는 다른 반이었습니다.
그래서 선생님께선 크게 비웃고 그 남자아이를 놀리듯 이야기했습니다.
"야, 이놈아. 너 바보냐? 이놈이 지 반도 똑바로 찾아 들어갈 줄 몰라."
아이들 모두가 선생님을 따라 그 남자아이를 향해 비웃음을 날립니다.
그런데 그 친구는 아무렇지도 않게 자리에서 일어나 여유 있는 표정으로 이렇게 이야기하더군요.

"아, 그렇습니까 선생님? 제가 미처 반을 제대로 확인하지 못했습니다. 정말 죄송합니다."

예. 고작 초등학교 2학년짜리 남자아이가요.

그 어린 나이에도 저는 그 친구가 존경스러웠습니다.

모두 그렇게 생각했는지 비웃음을 멈췄고요.

지금 초등학교 시절을 떠올려도 제 기억 속엔 그 남자아이밖에 남아 있지 않습니다.

만약 그 친구가 민망함을 못 견디고 얼굴이 벌게져 후다닥 밖으로 뛰쳐나갔다면 두고두고 웃음거리로 전락했을 테지요.

아무리 연륜이 쌓이고 식견이 넓은 어른일지라도 사람을 대하는 예의가 부족하면 어린아이보다 못할 수 있다는 것을 깨달았습니다.

상대가 아무리 나를 힐난할지라도 내가 먼저 예의라는 무기를 장착하면 나를 함부로 대할 수 없는 것은 자명한 일입니다. 그 주변 사람들까지 나를 칭송하고요.

예절이란,

선생님의 외면을 빛내줄 수단입니다.

선생님을 지켜줄 무기이자 방패입니다.

 우리는 조금 영악해질 필요가 있습니다.

때와 상황에 맞게 예의라는 무기만 잘 써도 선생님께 반드시 큰 선물이 되어 돌아올 것이라 제가 감히 약속드리겠습니다.

이해와 냉정은 부메랑입니다. 어느 것을 날리든 결국 돌아오
지요. 우리는 타인에게 조금 너그러워질 필요가 있습니다.

'남'을 판단하지 말 것

2장

이제 꿈에서 깰 시간입니다

선생님, 안녕하세요.
오늘은 잣대의 척도에 대해
이야기 나눠보겠습니다.

잣대의 척도

선생님, 부자와 당나귀 이야기를 아십니까?

어느 시골 마을에 사는 아버지와 아들이 읍내에 나가기 위해 당나귀를 끌고 길을 걷고 있었습니다.

지나가는 사람이 이렇게 이야기합니다.

"바보 아냐? 당나귀를 타고 가면 되지, 왜 끌고 가?"

이 소리를 들은 아버지는 어린 아들을 당나귀에 태웁니다.

그러자 지나가는 사람이 이렇게 이야기합니다.

"연로하신 아버지를 태우지 않고 새파랗게 어린 아들이

당나귀를 타고 가다니."

이번엔 아들을 내리고 아버지가 당나귀에 올라탑니다.

"아버지란 사람이 참 매정하네. 어린 아들을 걷게 하다니."

이번엔 아버지와 아들이 함께 당나귀를 타고 가지요.

"당나귀가 불쌍하지도 않나? 쯧쯧"

결국 아버지와 아들은 당나귀를 묶어 들쳐 메고 갑니다.

"저런 바보 같은 부자를 봤나. 하하하."

왜 이럴까요. 우리는 왜 이렇게까지 타인에게 관심이 많고, 왜 이렇게까지 타인을 규정지으려 하며, 왜 이렇게까지 타인에게 엄격한 잣대를 들이댈까요.

지금까지 우리는 추리물을 너무 많이 봤어요.

누구나 명탐정, 프로파일러가 되고 싶어 합니다.

사건이 화두에 오르면 누구나 명탐정이 되어 사건을 분석합니다. 잘잘못을 가르며 원인과 결과를 도출해 내는 지경에 이르렀지요.

누구나 아무도 맞추지 못한 정답을 맞추려 하고, 대법관이라도 된 듯 자신이 대단한 심판을 하고 있다 믿고 있어요.

물론, 심판당하는 자의 사연과 사정은 안중에도 없습니다. 타인을 명확히 판가름했다는 망각 자체에 희열을 느끼는 것이니까요. 당연히 재미도 있었을 겁니다.

'사정이 어찌 되었든 저 행위는 명백히 잘못됐어.'
'사연 없는 사람이 어디 있어?'

이런 말들로 그럴듯하게 합리화하면서 말이지요.

믿고 싶지 않겠지만, 언젠간 선생님께도 이런 시련의 순간이 올 겁니다.
인간은 누구나 실수를 하고, 선생님께서도 실수를 하게 될 겁니다. 물론 사연이 있고, 사정도 있겠지요.

하지만 그들은 선생님의 사연과 사정 따위는 관심 없을 겁니다.
그들은 언제나, 늘 그랬듯이, 그저 선생님을 판가름할 뿐입니다. 재미있게요.

그럼 선생님께선 아마도 이렇게 말씀하시겠지요.

'도대체 왜 이렇게까지 하는 거야?'

'나와 아무 상관도 없는 당신들이 나한테 왜 이러는 거야?'

'사정이 있었다고!'

그럼 그들은 아마도 이렇게 대답할 겁니다.

'사정이 어찌 되었든 그 행위는 명백히 잘못됐어.'

'사연 없는 사람이 어디 있어?'

억울하십니까?

여태 선생님께 판가름당했던 그들은 얼마나 억울했겠습니까.

남의 일이라고요?

어제의 남의 일이 오늘의 내 일이 될 수 있다는 것을 모르셨습니까.

재미있으셨습니까?

선생님의 일이 되어도 과연 재미있을까요.

이해와 냉정은 부메랑입니다.

어느 것을 날리든 결국 돌아오지요.

그러니까 결국, 내가 날리는 대로 되돌아옵니다.

 우리는 타인에게 조금 너그러워질 필요가 있습니다.

부자와 당나귀 이야기의 교훈은 두 가지입니다.

첫째, 타인에게 잣대를 들이밀지 마라.

타인의 잘못과 실수, 그리고 타인의 판단과 신념에 선생님의 잣대를 들이밀지 마세요.

누구나 제각각의 사연과 사정이 있습니다.

그렇게밖에 할 수 없었던 이유도 존재합니다.

누구는 옳고 그름을 학습하지 못해서, 누구는 사정이 여의치 않아서, 누구는 살고 싶어서, 개개인의 이상과 신념 등등 저마다의 사연과 사정, 이유에 따라 판단하고 행동합니다.

우리는 그것을 이해할 줄 알아야 합니다.

'나는 저 사람을 이해해. 그러니 무조건 저 사람을 용서해 야 해'가 아닙니다.

 '그럴 수도 있겠다.'
그 사람이 그 행동을 하게 된 경위만 이해하시는 겁니다.

때로는 그 행동이 죄가 되기도 합니다. 그것을 범죄라고 부르지요. 범죄 행위에는 대부분 피해자가 있습니다.
이때 피해자가 용서하지 않았는데 선생님께서 용서하시면 안 됩니다.
'저건 그럴 만했다.'
'어지간하면 좀 봐줘라.'

피해자에게 용서해라 마라 같은 또 다른 잣대를 들이미는 것은 관용이 아니라 오만이고, 날카로운 잣대가 아닌 날 무딘 척하는 창을 들이미는 것과 같습니다.

둘째, 타인의 잣대에 휘둘리지 마라.
잣대라는 것은 원래 주관적인 신념과 원칙 따위에 불과합니다. 그들의 온갖 잣대에 나를 끼워 맞추는 것은 온정신을 좀먹는 기생충 따위를 스스로 삼키는 행위입니다. 타인의 잣대와 사회 통념을 헷갈리지 마십시오.

수용과 감수는 다릅니다.
수용하면 '나'를 잃지 않고 어떤 것이든 받아들일 수 있지만, 감수하면 책망과 괴로움이 따르니 '나'가 지워집니다. 휘둘리게 되지요.

타인의 잣대를 바라볼 땐 '저렇게 해야 하는구나'가 아닙니다.

'저럴 수도 있겠구나.'
타인이 나에게 그 잣대를 들이밀게 된 경위만 이해하시는 겁니다.

타인의 말이 꼭 정답은 아니지만, 때로는 정답에 가까울 수도 있지 않겠습니까.
나와 생각과 신념이 다르다고 해서 나를 기준으로 타인을 단정 지으시면 안 됩니다.

'무슨 개소리야?'

'뭐래~ 그거 아닌데? 아닌데?'

휘둘리지 않겠다고 해서 타인의 생각과 사상을 무조건 거부하는 것은 그저 똥고집입니다.

수용, 이해. 남을 받아들이고 이해한다는 것은 휘둘리는 것과 다름을 아셔야 합니다.

선생님, 안녕하세요.
오늘은 심판의 자격에 대해
이야기 나눠보겠습니다.

심판의 자격

책략 6항

약은 약사에게, 심판은 법관에게.

사실 말도 안 되는 주제입니다만, 요즘 누구나 심판자가 되어 타인을 심판하는 바람에 이야기할 필요성은 있는 것 같아 일단 시작해 보겠습니다.

심판이라고 하니 거창해 보이지만 우리 일상 속에서 얼마나 많은 심판이 이루어지고 있는지 선생님께선 혹시 아십니까?

'저 연예인은 왜 저런 행동을 하지? 저건 미친 짓이야!'

'애인이랑 헤어진 지 얼마 안 됐는데 그새 새로 사귀었다고? 100% 환승이네. 연애에 미친X'
'응~ 죽여도 무죄~'
'그럼 인정이지~'

이처럼 개인이 법관을 대신해 남의 잘잘못을 가리고 결론을 짓는 심판이 자행되고 있습니다.

세상에 심판자가 이토록 흘러넘친다면 심판받을 자도 흘러넘치겠군요.
끔찍하지만 당연히 다음 타깃은 선생님이 되실 겁니다.

 우리 이제 심판을 멈춥시다.

우리나라의 기본 사법 체계는 이렇습니다.
변호사는 피고인을 변호합니다. 검사는 피고인에게 구형을 하고요, 판사는 변호사의 변호와 검사의 구형을 참고하여 법에 따라 판결을 내립니다.

당연히 법조인들도 법원 내에서만, 심판이 필요한 경우에만 심판을 하고요. 그러라고 정의의 여신상이 대법원에 세워져 있는 겁니다.

말인즉슨 선생님께선 사사로이 타인을 심판하실 수 없다는 아주 당연한 이야기지요.

그런데 도대체 누가 선생님께 심판의 저울과 칼을 쥐여줬을까요.

선생님께서 정의라고 확신해서일까요.

정말로 선생님께서 정의일까요?

'정의'의 정의는 이렇습니다.

진리에 맞는 올바른 도리.

'진리'의 정의는 이렇습니다.

참된 이치. 또는 참된 도리.

언제 어디서나 누구든지 승인할 수 있는 보편적인 법칙이나 사실.

'보편적'의 정의는 이렇습니다.

모든 것에 두루 미치거나 통하는 것.

정의는 진리이고, 진리는 보편적인 법칙이나 사실입니다.

여기서 포인트요, 선생님.
보편적인 법칙이나 사실은 시대와 상황에 따라 얼마든지
바뀔 수 있는 겁니다.
그렇다면 정의도 시대와 상황에 따라 얼마든지 바뀔 수
있다는 이야기겠지요.

바나나는 노랗습니다.
이것이 정의고 진리이며 보편적인 사실입니다.
하지만 바나나는 시간이 지나면 검게 변합니다.
이것도 정의고 진리이며 보편적인 사실입니다.

그 옛날 홍길동은 양반집을 털어 백성들에게 곡식을 나눠
주었습니다. 사람들의 칭송을 받았지요.
이것이 정의고 진리이며 보편적인 사실입니다.
하지만 오늘날 홍길동은 자신의 사유재산이 아닌 타인의
사유재산을 털어 백성들에게 곡식을 나눠주었다는 이유
로 사람들의 비판을 받기도 합니다.
이것 또한 정의고 진리이며 보편적인 사실입니다.

정의란 그렇습니다.
어느 하나로 정의할 수 없는 것이 정의입니다.
정의는 절대적이지 않습니다.

절대적인 기준이 없는데, 어떤 기준으로 타인을 심판하려
하십니까?
법이요? 법은 정의가 아니라 규제입니다.
그렇게도 정의의 이름으로 타인을 심판하려 혈안이신데
겨우 법으로 성에 차시겠습니까?
선생님께선 삼라만상을 두루 살피시고 모든 경우와 상황
과 때를 가려내고 판단하실 수 있는 혜안이 있으십니까?
정말로요?

그렇다면 지금 당장 정의론을 만들어 주장하십시오.
살아 있는 정의, 아니 전설이 되실 겁니다.

그렇지 않다면 타인을 심판하는 행위는 당장 그만두세요.
그 누구도 타인을 사사로이 심판할 권리 따위 없습니다.

선생님의 마음속 한편에서 불타오르는 정의에 대한 심판

이 마음속에서만 행해진다면 전혀 말릴 이유가 없습니다.
입 밖으로 내뱉고 실천으로 옮기는 것이 문제지요.

 부디, 정의라는 말에 속아 어리석은 행동을 저
지르지 않으시길 간곡히 바랍니다.

선생님, 안녕하세요.
오늘은 참교육에 대해
이야기 나눠보겠습니다.

참교육

책략 7항

선생은 아무나 하나.

선생님, 혹시 참교육이라는 단어를 아시는지요?

본래 뜻은 이렇습니다.

진실하고 올바른 교육.

하지만 요즘 시대의 참교육이란, 그릇된 행동을 하는 개인에게 개인이 나서서 직접 교정 및 교화시킨다는 의미가 더 큰데요.

주로 바람난 애인 참교육, 노약자석 양보 강요하는 노인 참교육, 무개념 상대 참교육 등으로 쓰이고 있습니다.

유사어로는, 무엇을 관광시킨다는 건지는 모르겠지만 '역
관광'이라는 말도 있더라고요.

참교육의 방법으로는 폭언, 폭행, 조롱, 희롱까지 아주 다
양하며, 그것들이 실생활에서 하나도 빠짐없이 시전 되고
있어요.

이를테면, 바람난 애인 (무릎 꿇리고 폭언, 폭행 및 희롱해서 개
망신 주기) 참교육, 노약자석 양보 강요하는 노인 (핸드폰 카
메라 들고 조롱해서 내 말발로 얼마나 잘 털 수 있는지 보여주기)
참교육, 무개념 상대 (불법이나 위법 행위도 아닌데 단순히 지
기분 나쁘다고 온갖 쌍욕 박고 혐오 발언으로 개망신 주기) 참교
육이라고 할 수 있겠습니다.

이것을 '눈에는 눈, 이에는 이'라고들 주장하고요.

이런 정신 나간 행위들이 유행처럼 번지고 있습니다.
너도나도 남에게 훈수 두기가 성행하고, 이를 따르지 않
으면 그들만의 기준으로 벌을 내리는 형식으로요.

선생님. 아무리 세상은 요지경이라지만, 왜 이 지경이 됐을까요?

아무리 생각해도 앞장에서 이야기 나눈 '심판'과 관련이 깊어 보입니다.

거기에 추가로 현대인들의 분노 해소도 한몫하고요.

아차, 현대인의 높은 교육열을 간과했네요.

이젠 심판자로도 모자라서 너도나도 교육자가 되어버렸습니다. 우리나라에 이렇게 심판자와 교육자가 많은데 도대체 범죄자는 왜 생기는 걸까요.

생각해 봅시다.

스승과 제자가 나오는 영화나 소설은 제자가 빛을 발하는 순간에 집중하지 스승 자체를 주제로 삼는 경우는 많지 않습니다.

있다 해도 이야기 속 스승은 대부분 끊임없이 인내하고 엄격하지만, 올바르고 따스하게 제자를 바른길로 인도하는 사람이고요.

그런데 현실에서는 대체 뭐에 미쳐서 이렇게 참교육을 해
대는 자들이 넘쳐났을까요.

이유는 생각보다 단순할지도 모릅니다.

그냥 그렇게 하면 '있어' 보이거든요.

다른 사람들은 감히 행하지 못하는 것을 내가 행했다는
성취감을 느낌과 동시에 '정의는 살아 있다'를 몸소 실천
한 위대한 정의의 사도가 된 기분이 들거든요.

그렇다면 그들에게 열광하는 관중들은 또 왜 그럴까요.

그냥 대리만족입니다.

그것이 멋져 보이고 나도 그렇게 하고 싶지만, 감히 그럴
용기는 없으니 그저 남이 나 대신 정의를 구현하길 고대
하는, 뭐 그런 거죠.

그런데요. 사실 이렇게까지 참교육이라는 것을 할 필요가
있을까요?

없지 않습니까?

애인이 바람나면 헤어지면 되고, 노인이 노약자석 양보를
강요하면 정중히 거절하면 될 일을 말이에요. 무개념 상

대가 있다면, 아니 무개념이라는 말도 웃기네요. 누구 기준에서 개념이 있고 없는지 모르겠지만, 상대와 나의 합의점을 찾으면 될 일을 말이에요.

우리가 고소할 때도 마찬가지입니다.
법원에서는 되도록 당사자 간에 '원만히' 합의할 것을 권장하지요.

이 원만한 합의는 어떻게 이뤄집니까?
돈? 물론 중요합니다.
하지만 돈을 그냥 주면 상대방이 그냥 덥석 받습니까?
절대 아니지요.
대화가 필요합니다.

사실 인간관계에서 발생하는 문제들은 대부분 대화로 해결할 수 있습니다. 이 대화라는 것이 통하지 않아서 모든 최악의 경우가 발생하는 거고요.

하지만 선생님, 요즘 이 참교육이라는 것 좀 보세요.
대화가 통하는지 안 통하는지 재보기도 전에 아예 대화의 시도조차 안 합니다.

대화고 나발이고 수단과 방법을 가리지 않고서라도 상대방을 이겨서 밑바닥까지 끌어내려야 직성이 풀린다 이 말이에요.

SNS에는 이따위 꼴을 보자고 다들 눈이 벌게져 있습니다.

그걸 또 '멋있다'고 표현하고 앉아 있습니다.

기가 차지요.

 상대가 먼저 나를 건들지 않으면 나도 참교육을 하지 않는다고들 하는데,

말 같잖은 소리 좀 하지 마세요.

참교육은 대단히 참고 행하는 행위가 아니라 대단히 하면 안 되는 행위입니다. ~~아 양반아~~.

상대방이 내 목에 칼을 들이대도 필요 이상으로 상대방을 업어치고 메치면 정당방위가 성립하지 않아요.

상대방이 아무리 잘못했다 한들 선생님께서 그 이상의 액션을 취하시면 바로 감방 가는 겁니다.

그리고 사실 상대방이 선생님께 그 정도로 위해를 가한

것은 아니지 않습니까?

아니 그 전에, 상대방에게 그만한 값어치가 있다고 믿으십니까?

참교육 한번 해보겠다고 내 남은 인생을 빨간 줄 그어진 채 살아갈 만한 값어치가 있다고 정말로 믿으십니까?

그렇다면 말리지 않겠습니다.

우리 일반인들은 사회의 룰 속에서 살아갑니다.

적당히 분노를 조절하고 본능을 억누르면서요.

일례로, 정상적인 사람들은 성욕을 건전한 취미, 동의하에 이뤄진 교제 및 만남 등을 통해 적절히 조절 및 해소하며 살아갑니다.

하지만 성범죄자는 그렇지 않지요.

지금 선생님께서 하시려는 참교육이라는 행위는 바로 그런 겁니다.

본능과 욕구를 절제하지 못하고 정신 나간 짓을 하여 타인을 괴롭히는 바로 그런 행위요.

선생님께서 굳이 손을 더럽히지 않고도 점잖고, 정중하고, 유연한 방법으로 얼마든지 쓰레기들을 대처하실 수 있습니다. 잘 알고 계시지 않습니까.

그런데도 참교육을 행한다는 것은 사실 사건을 올바르게 해결할 의지도 없으면서 그저 유흥거리나 분노 해소용으로 이용한다고밖에 생각되지 않습니다.
겨우 그 정도만 분노하신 게 아니지 않습니까.

선생님께서 상대로 인해 얼마나 많이 상심하셨고, 마음이 많이 다치셨고, 분노하셨는지 압니다.
하지만 참교육, 이건 아닙니다.

 온갖 SNS 자작 썰들에 현혹되지 마세요.
참교육의 자작 썰들은 그 행위에 대한 책임을 졌다는 뒷얘기가 없음을 명심하세요, 선생님.

저런 저급한 참교육 따위가 없어도 선생님께서 품위 있게 대처하실 수 있도록 제가 옆에서 보좌하겠습니다.
저와 함께 걸으시지요, 선생님.

선생님, 안녕하세요.
오늘은 눈치 게임에 대해
이야기 나눠보겠습니다.

눈치 게임

책략 8항

지나친 눈치는 없느니만 못하다.

선생님, 요즘 눈치가 예전 같지 않으시지요?

상대가 무슨 의도로 내게 접근하는지, 무엇을 바라고 하는 말인지 자주 헷갈리시지 않던가요?

왜 그런지 제가 한번 맞춰볼게요.

요즘 현대인들은 눈치가 참 빠릅니다.

일상에서 자주 쓰는 '눈치 챙겨', '눈새(눈치 없는 새끼)', '눈치는 밥 말아 먹었냐'라는 말부터 시작해 술자리에서조차 눈치 게임 1, 2, 3을 외쳐대니 말 다했죠.

그런데 그 눈치가 지나치게 빨라진다면 오히려 독이 될
수도 있겠습니다.
아니, 너무 빨라지다 보니 눈치의 방향이 자꾸 어긋난다
고 해야 할까요.

눈치가 빨라진 나머지 타인의 눈치를 보는 지경에 이르렀
고, 심지어는 타인을 '눈치껏' 판단하는 사람이 되었습니
다. 상대를 있는 그대로, 사실 그대로 받아들이지 못하고
확대 해석하거나 외면해 버리는 것이지요.
때로는 내 예감이 맞는지조차도 헷갈립니다.

 분명히 아는 문제인데 공부를 너무 많이 한 나
머지 꼭 의심하다가 결국 오답을 찍는 것처럼
말이에요. 눈치는 과유불급입니다.

상대의 의중을 파악하기 위해 늘어난 눈치가 과해지면서
상대를 파악하기는커녕 눈치만 더 살피게 된 꼴이지요.
대체 왜 이런 현상이 생겨났을까요.
우리는 나를 살피기 이전에 남을 먼저 살피라고 배워왔기
때문입니다.

그것이 지당한 '선'이고 마땅한 '배려'라고 학습했고요.

특히 오감이 예민한 사람들은 본인도 모르게 상대를 파악하려는 습성을 지니고 있는데요.
우리는 그것을 흔히 '육감' 또는 '촉'이라고 부릅니다.

촉이 뛰어난 사람들은 대부분 인생이 피곤합니다.
이런 사람들은 온종일 남을 살피느라 정작 나를 살필 겨를이 없기 때문이지요.

어쩌면 선생님께서 그런 분이 아닐까 생각합니다.

그렇지만요, 선생님.
하나만 확실하게 집고 넘어 갈게요.
언제나 '나' 다음이 '남'입니다.
남이 어떤 액션을 취하든 나는 흔들림이 없어야 합니다.

아, 오해하지 마세요. 한결같으라는 이야기가 아닙니다.

지나치게 촉을 곤두세워 내 자아가 흔들리는 일이 없어야 한다는 이야기입니다.

내가 흔들리면 남도 바로 보이지 않습니다. 그래서 감이 떨어지고 촉이 무뎌진 것처럼 느껴지는 겁니다.

선생님께서 지금 있는 눈치, 없는 눈치를 총 동원해서 보고 계신 상대는 생각보다 아무것도 아닐 수 있습니다. 선생님이 생각하시는 것만큼 심각한 일이 아닐지도 모릅니다.

혹은 생각보다 큰일 같아서 외면해 버렸거나요.

부디 상대의 작디작은 손짓, 발짓에 일희일비하지 마시고 상대를 있는 그대로 보세요.

눈치는 속도보다 방향의 정확도가 더 중요합니다.

방향이 틀어지면 정작 내 눈치는 살피지 않고 남의 눈치만 살피게 됩니다. 그럼 남의 걸상에 끼여 앉아 있듯 남의 눈치나 보면서 내가 마땅히 누려야 할 권리도 못 누리게 되고요.

이 얼마나 피곤하고 어리석은 일입니까.

'나'를 먼저 살피지 않는 눈치는 눈치가 아니라 독입니다.

경고하건데, 그 독은 선생님을 서서히 말려죽일 겁니다.

진짜 눈치 빠른 사람은 눈치 없는 척하는 사람이라고 합니다. 그것은 상대의 신호를 외면하거나 회피하는 행위가 아닙니다.

'나'를 지키는 행위입니다.

 내 눈치는 아무도 살피지 않는데, 왜 나만 남의 눈치를 살펴야 합니까.

남을 다 안다고 자만하지 않고, 다 알아도 다 아는 척하지 않는 것이 도리어 선생님을 지켜줄 것입니다.

된장과 김치는 묵힐수록 맛이 나지만, 말은 묵힐수록 똥 됩니다.

'말'을 놓치지 말 것

3장

이제 꿈에서 깰 시간입니다

선생님, 안녕하세요.
오늘은 우위 점령 발언에 대해
이야기 나눠보겠습니다.

우위 점령 발언

책략 9항

'원래' 그런 건 없다.

사람은 일생을 살아가면서 인상과 성격, 취향과 환경 등
모든 것을 본인의 의지와 선택으로 만들고 바꿔나갑니다.

특히 어떠한 상황이나 사건을 국면 했을 때, 우리는 선택
을 합니다.

그 수많은 선택 중,
지금 내 앞에 있는 사람과의 관계에서 나는 어떤 위치에
설 것인지가 인간이 가장 먼저 하는 선택일 것입니다.

어떤 상황이나 사건이든 결국 사람 간의 일이니까요.

우리는 종종 성격이 나쁘다, 혹은 좋지 못하다는 사람들을 봅니다. 통상 싸가지 없다, 위아래가 없다, 되바라지다, 예의가 없다, 싹수가 노랗다, 막 나간다 등으로 소개되지요.

왜 그럴까요?

 그 사람의 성격이 '원래' 그래서일까요?
아닙니다.
그래도 되기 때문에 그렇습니다.

옛말에 이런 말이 있습니다.
누울 자리를 보고 다리를 뻗는다고요.
그 사람에게 선생님, 혹은 그 주변 사람은 그래도 되는 사람이기 때문입니다.

한마디로 내가 이 사람 앞에서 싸가지 없게 굴지, 예의를 차릴지는 사람을 봐가면서 선택한다는 말입니다.

일례로, 성격이 나쁘다고 명성이 자자한 사람이 있습니다.
그런데 소문과는 달리 선생님 앞에서는 이 사람 성격이
꽤 좋아 보입니다.
왜 그럴까요?

선생님이 자기보다 우위에 있다고 판단했기 때문에 좋은
성격을 선택한 겁니다.

인간은 본인보다 우위에 있다고 생각하는 사람에게는 화
를 못 냅니다.
내가 잘 보여야겠다고 생각하는 사람에게는 언행이 조심
스러워집니다. 심지어는 상대가 나보다 성격이 더 나쁘다
고 생각할 때 성격이 더 좋아집니다.

 이때 우위를 점령하기에 가장 쉽고 간편한 단어
가 '원래'입니다.

간혹,
"나는 원래 소심하니까 네가 좀 이해해 줘"라며 자신을 낮
추듯 이야기하는 사람들이 있습니다.

이런 말을 하는 사람에게 속아 본인이 우위를 점령했다고 착각하는 바보짓은 하지 마십시오.

'나는 원래 소심하니까 네가 배려해'라는 말입니다. 숨은 뜻을 모르고 상대를 내 마음대로 휘두를 수 있다고 착각한다면 선생님께선 정말 바보입니다.

만약 그렇다면, 선생님께선 인생에 다시없을 호구짓을 하게 될 것입니다.

'나는 원래 그래'라는 일상적인 말은 사실 엄청난 무기입니다.

의역 : 나는 내 꼴리는 대로 할 테니, 네가 나한테 맞춰.

직역 : 안 돼. 난 바꿀 생각 없어. 돌아가.

번역 : 넌 내 아래야.

상대가 이런 말을 자주 한다면 조심하십시오.

선생님을 아래로 보고 있다는 방증일 테니까요.

만일 선생님께서 이런 말을 자주 사용하고 계신다면 훗날 선생님 주변에는 아무도 남아 있지 않을 겁니다.

영원한 1인자는 없지만, 영원한 2인자도 없습니다.

어떤 띠꺼운놈이 영원히 상대보다 아래 있고 싶겠습니까?

성격이 꼭 한 가지일 필요는 없습니다.
아니, 한 가지일 수가 없습니다.
상대가 누구냐에 따라서 우리의 성격은 팔색조처럼 변할
테니까요.

대쪽 같은 성정? 글쎄요.
그게… 그럴 수가 없습니다.
옛날 옛적에 대쪽 같은 성정으로 이름을 떨쳤던 분들이
왜 유명하겠습니까.
그런 성격이 아주 희귀하니까 유명한 겁니다.
대쪽 같은 성정, 외길 인생.
이것은 오지선다형 시험에서 오직 1번만 찍는 사람과 같
습니다.

그러니 '원래'라는 것은 핑계입니다.
'원래'라는 말을 죽어도 못 버리겠다면 '네가 만만해서 그

래'라고 바꿔 말하시길 바랍니다.
혹은 '내 편안함을 위해 네가 희생해'로 바꾸시든가요.

'원래'라는 말은 쉽고 빠르게 관계의 우위를 점령하지만
그리 오래가지 못합니다.
사람이 사람을 겪다 보면 없던 눈치도 생기거든요.
그럴 때 또다시 등장하는 말도 '원래'입니다.

'내가 원래 그렇다고 했잖아!'

분명 '원래' 이렇다고 말했음에도 불구하고 상대가 날 이해
해 주지 않는다며 책임을 전가하기도 쉬워서 그렇습니다.
아주 엿 같지요.
이런 사람을 마주친다면 꼭 이렇게 이야기해 주세요.

"내가 원래 너 같은 걸 잘 이해 못 해.
그러니 네가 이해해."

선생님께선 순식간에 상대방이 입을 다무는 마법을 보시
게 될 겁니다.

선생님, 안녕하세요.
오늘은 싸움의 기술에 대해
이야기 나눠보겠습니다.

싸움의 기술

책략 10항

승리의 원천은 기세요,
기세는 눈과 혀에서 나온다.

선생님.

그동안 참 많이도 참으셨습니다.

지금부터는 제가 선생님께 싸움에서 이기는 법을 알려드리겠습니다.

인생은 전쟁입니다.

주먹으로 승리하던 시대는 막을 내렸습니다.

이제 우리가 가진 무기는 눈과 혀밖에 없습니다.

우리가 어떤 말을 하는지 중요한 만큼 어떻게 말하는지도 중요합니다.

우리가 때와 장소에 맞는 옷차림이 중요한 만큼 때와 상황에 맞는 눈빛과 말투를 쓰는 것도 중요합니다.

 눈동자의 빛, 시선, 힘.

목소리의 크기, 톤, 성량.

말투의 억양, 강도.

무조건 세고 크다고 해서 다 좋은 것은 아닙니다.

사람의 말투는 늘 한결같을 수 없지요. 타인과 언쟁할 때, 타인의 비위를 맞춰야 할 때, 타인과 유대감을 형성할 때 등 여러 상황이 있는 한, 매번 달라질 겁니다.

예를 들어 타인을 괄시하며 쏘아붙이는 사람이 있습니다. 이 사람에게는 어떤 말투를 써야 할까요.

맞불 작전

A : 애 좀 봐! 역시 어릴 때 고생해서 그런지 힘든 일도 척척 하네~ 난 평생 그런 고된 일은 해본 적이 없어서~

B : 뭐라고?! 어떻게 그런 말을 할 수 있어? 지금 나 놀려?

A : 내가 뭐 틀린 말 했어?!

괄시하는 사람을 이기겠다고 상대보다 언성을 높이면, 대화의 본질은 사라지고 무조건 목소리 큰 사람이 이기게 되어 있습니다.

A : 이게 말이나 되는 소립니까?! 이건…

B : 뭐가 말이 안 돼요?!

A : 이거 보세요! 말 자르지 마세요!

B : 뭐요?! 당신 말이나 똑바로 하세요!

A : 야!!

B : 뭐? 야?!

보시다시피 꼭 이런 시답잖은 시비로 논쟁을 시작합니다. 그리고 서로 상처만 남겠지요.

선생님의 목소리가 기차 화통을 삶아 먹은 것처럼 큰 편이 아니라면 별로 추천해 드리고 싶지 않습니다.

그럼 '나'를 낮춰보면 어떨까요?

낮춤 작전

A : 애 좀 봐! 역시 어릴 때 고생해서 그런지 힘든 일도 척
    척 하네~ 난 평생 그런 고된 일은 해본 적이 없어서~

B : 역시 넌 다르다. 넌 이런 궂은일엔 안 어울리지. 이런
    건 내가 할 테니까 넌 가서 쉬어~

A : 그래~

음, 이건 아닌 것 같지요?

사람이 사람에게 폭언이나 괄시를 하는 것은 매우 경우
없는 일입니다.

경우 없는 상대에게 똑같이 경우 없을 필요는 없지요.

그렇다고 나의 격을 낮추어 상대가 나를 낮잡아보게 할
필요도 없고요.

그러니 상대가 나를 무시하면 저 ~새~끼~가 어디 모자라나
싶을 정도로 차분하고 능청스럽게 대처하시면 됩니다.

능청 작전

A : 애 좀 봐! 역시 어릴 때 고생해서 그런지 힘든 일도 척
    척 하네~ 난 평생 그런 고된 일은 해본 적이 없어서~

B : 맞아~ 그렇지? 넌 좋겠다. 나보다 훨씬 여유가 되잖아. 그럼 오늘 이 식사 자리는 여유 있는 우리 A 덕 좀 볼까?

설령 상대가 선생님의 골림에 취해 지갑을 열진 않더라도 최소한 앞으로 말조심은 하게 될 겁니다.
'쟤한테 말해봤자 나만 손해지', '나만 울화통 터지지' 같은 이유일지라도 선생님과 상대방, 아무도 다치지 않게 됩니다.

학교나 직장에서도 마찬가집니다. 상대와 꽤 오랜 기간을 얼굴 마주하고 근무하거나 지내야 할 때가 반드시 있을 겁니다.
꼭 목소리가 크고, 말을 잘하고, 말투가 억세고, 눈빛이 매서워야만 승리하는 것이 아님을 명심해 주세요.
호랑이보다 여우가 더 낫습니다.

하지만 매사에 여우 같을 필요는 없습니다.
때로는 호랑이 같은 면모를 보여줄 필요도 있습니다.

상대가 성희롱이나 성추행을 할 때

A : OO 씨는 뭐든 크네~

B : (빈칸을 채워주세요.)

별말이 필요 없습니다.

당황하지 마세요, 선생님.

질겁하거나 에너지를 쏟아가며 따질 필요도 없습니다.

그저 상대를 벌레 보는 듯한 그 눈빛 하나면 충분합니다.

심화 과정으로는, 순식간에 상대를 웃음거리로 전락시켜 버리는 마법의 단어 '그래서요?'도 아주 좋습니다.

그러면 선생님께서 수치심을 느끼는 게 아니라, 상대가 수치심과 더불어 모멸감까지 느끼게 될 겁니다.

상대가 잘못을 창조해 지적할 때

A : 누가 이렇게 하라고 했어?! (한 시간 전에 본인이 그러라고 함)

B : (빈칸을 채워주세요.)

A : 내가 언제 그랬어?! 이게 이제 하다 하다 거짓말까지 하네?

B : (빈칸을 채워주세요.)

정중함이 필요합니다.

호랑이 같은 면모를 보여주라면서 정중함이라니.

아이러니하실 겁니다.

선생님.

상대는 선생님의 잘못을 창조해 지적하는 사람입니다.

그런 상대에게 빌미를 주지 마세요.

우선 상대의 비상식적인 태도를 선생님께선 당최 이해할 수 없으며, 그저 본인 잘못을 덮고자 우기는 것으로밖에 보이지 않는다는 눈빛을 장착하십시오.

상대의 말에 현혹되면 사건의 전후 상황이 헷갈리곤 하는데, 상대가 무슨 말을 하든 있는 사실을 명확히 떠올려 상대에게 분명하게 명시하십시오.

말끝을 흐리며 확신이 없다는 뉘앙스를 풍기지 마시고, 말의 끝맺음을 분명하게 해서 상대에게 너보다 나의 기억이 정확하다는 것을 인지시키십시오.

갑작스럽게 창조된 잘못에 당황한 나머지 용서를 구하며 진짜 그것이 선생님께서 잘못한 일인 것처럼 꾸며주지 마십시오.

정중하고 차분하게 대처해서 상대방이 선생님을 지적한 것이 오히려 실수인 것처럼 만드시는 겁니다.

상대가 인격 모독을 할 때

A : 네 부모가 그렇게 가르치던? 어디 천박한 게 굴러들어
　　와서는.

B : (빈칸을 채워주세요.)

절대 참으시면 안 됩니다.
폭언과 폭행을 하라는 소리가 아닙니다.
상대가 선생님께 인격 모독을 하는 순간. 그 순간, 그 찰나를 절대 참고 넘기지 마시라는 얘기입니다.
아주 단호해지셔야 합니다.

상대에게 왜 그런 이야기를 하는지 정확하게 따져 물으시고, 그가 지금 필요 이상의 분노를 쏟아내고 있다는 사실을 각인시켜 주세요. 다시는 상대가 선생님께 그런 버러지 같은 언사를 행하지 못하도록 똑바로 지적해서 상대를 좀 조용히 시킬 필요가 있습니다.

그 밖의 여러 가지 비슷한 상황들이 있겠지만, 조금 전의 능청 작전과 마찬가지로 매사에 호랑이 같은 면모를 보여줄 필요는 없습니다.

이번엔 뱀처럼 상대의 비위를 맞추는 것에 한번 초점을 둬 볼까요.
우리는 보통 자신이 필요할 때 상대의 비위를 맞춰줍니다.
상대의 비위를 맞출 땐 보통 말투나 눈빛이 부드러워지고요.

여기서 흔히들 하는 실수가 있습니다.
상대를 추켜올리느라 나를 낮추는 행위요, 선생님.
상대의 비위를 맞춰줄지언정 절대 선생님을 낮춰선 안 됩니다.

주변에서 이런 경우를 많이 보셨을 겁니다.
평생 직장 상사의 비위를 맞춰가며 뒤처리를 도맡아 해왔는데 정작 승진에서는 항상 밀리는 경우.

왜 그런 것 같습니까?

직장 상사 비위를 열심히 맞춰주면 뭐 합니까.

비위 맞추느라 선생님께선 한없이 낮아지셨는데요.

낮아 보이고 힘없어 보이는 사람을 누가 요직에 앉히고
싶어 하겠습니까.

평생 내 발밑에 두고 부리고 싶어 하지요.

그런 겁니다, 선생님.

 겸손과 격 낮춤을 착각하지 마세요.

때론 여우처럼, 때론 호랑이처럼, 때론 뱀처럼.

때와 상황에 맞게 말투를, 아니 기세를 바꿔야
합니다.

그럼 선생님께선 언제나 승리자가 되실 겁니다.

선생님, 안녕하세요.
오늘은 T(Talk)–TIME에 대해
이야기 나눠보겠습니다.

책략 11항

말해 뭐 해? 아니, 말하면 뭐든 한다.

말의 타이밍, 회복의 가능성, 시간의 상대성.
우리의 인생에서 아주 중요한 요소들입니다.

'이 말을 언제 해야 하지?'
'이 상황에 이런 말을 해도 될까?'
'기분 나쁜데 받아쳐도 될지 모르겠어.'

먼저, 말의 타이밍이요. 선생님.
이 말을 언제 해야 하나, 언제 해야 자연스러울까, 이제 와서 이 말을 해도 될까 같은 고민을 해보신 적 있을 겁니다.
고민이 된다는 건 선생님께선 상대에게 미안할 말을 준비
중이거나, 해도 내가 손해 볼 말을 준비 중이라는 겁니다.
혹은 타이밍을 한참 놓쳤거나요.

 상대에게 미안할 말은 되도록 빠르게,
손해 볼 말은 안 하시면 됩니다.

하지만 너무 묵혀도 안 되겠지요.
된장과 김치는 묵힐수록 맛이 나지만, 말은 묵힐수록 똥
됩니다.
말해야 할 타이밍에 말할 수 있어야 합니다.

저는 지금 선생님께서 무슨 생각을 하시는지 압니다.

'뭐 하러 굳이 따져서 에너지를 소모해? 피곤하게. 그냥
손절하면 되지.'

선생님, 혹시 최종 목표가 '득도'입니까?
왜 자꾸 묵언 수행을 하려 하십니까.

가장 기본적으로, 선생님께서 말을 안 하면 상대는 선생님의 손절 포인트를 모릅니다.

심지어 상대는 선생님께서 손절했는지도 몰라요.

입장 바꿔 생각해 보세요.

선생님께서 실컷 떠들고 할 말 다 했는데 상대는 그저 허허실실 웃어 넘기고 맙니다.

선생님께선 언제나 그랬듯 상대와 즐겁게 대화를 마쳤습니다.

그런데 어느 순간부터 상대와 연락이 안 되지요.

이때 선생님은 상대를 어떻게 보실까요?

어떻게 보긴요. 당연히 ~~또라이~~로 보죠.

바로 그겁니다.

말을 안 하는데 어떻게 압니까, ~~아 양반아~~.

상대가 한 말이 기분 나쁘다?

그럼 즉각 받아치세요.

제때 따지지 못하면 '그땐 아무 말 없더니 이제 와서 왜 이러느냐'는 원망만 남습니다.

혹은 상대가 말하는 내내 입 다물고 있다가 다른 사람들이 이해하지 못할 포인트에서 갑자기 버럭 화를 내버리는 이상한 사람이 될 수 있습니다.

상대에게 어떤 질문을 해야 하는데 타이밍을 놓쳤다?
뻔뻔하게 물어보세요.
타이밍 좀 놓치면 어떻습니까.
눈총 좀 받으면 어떻습니까.
나만 이해 못 하는 바보천치가 되는 것보단 낫습니다.

중요한 거 하나 더요.
이미 다 지나간 일을 두고 남들이 '이렇게 했어야지', '저렇게 했어야지' 하는 말은 귀담아듣지 마세요.
누구나 그 상황에 닥치면 즉흥적으로 대처하기 힘듭니다.
지나간 일에 대해 떠들어대는 것은 누구든 하지만요.
그러니 훈련이 필요합니다.

그 순간 분노가 조절되지 않을 것 같아서, 순간 당황해서, 따질 용기가 없어서 등등의 이유로 말을 아끼게 되면 그것을 다시 따져 묻거나 손절하기까지 선생님께선 큰 고통을 감내하셔야 합니다.

그리고 그것은 습관이 됩니다.

많은 사람이 착각하고 있습니다.

'참을 인忍'을 세 번 새기라는 옛말은 그 시간 동안 선생님께서 무한히 받으실 고통을 참아야 한다는 말이 아닙니다. 순간의 감정을 조절하여 이성적으로 사고하라는 말입니다.

'참을 인'을 떠올리며 상대방의 개소리를 한 번 참고, 두 번 참고, 세 번째 되던 차에 따져 묻거나 손절하면 선생님만 바보 되는 겁니다.

선생님께서 그 한 번, 두 번을 참아주셨기 때문에 상대방이 마음 편히 개소리를 할 수 있게 되었으니까요.

그 한 번을 참지 마세요.

절대 상대방이 개소리할 시간을 내줘서는 안 됩니다.

하물며 개소리라도 논리적, 이성적인 척해대면 그럴듯해 보이는데 아주 정상적인 사고를 하는 우리가 논리적, 이성적으로 생각하고 대처한다면 얼마나 큰 시너지 효과를 불러일으킬까요.

상대방의 입을 즉각 다물게 하는 데에는 그리 많은 시간
이 소모되지 않습니다.
상대가 개소리하고 있다고 판단되면 말을 대단히 조리 있
게 한다든지, 열과 성을 다해 싸울 기세를 편다든지 할 것
없이 그저 싸늘한 눈빛과 품격 있는 말 한마디면 족합니다.

참는다고 능사도 아니고, 참는다고 좋은 사람이 되는 것
은 더더욱 아닙니다.
아무리 이미지 메이킹이 중요하다지만,

 한 번, 두 번 개소리하는 새끼가 연주하면 연주하
는 대로 길들여지는 악기가 되어선 안 되겠지요.

선생님, 안녕하세요.
오늘은 할 말 못 할 말에 대해
이야기 나눠보겠습니다.

할 말 못 할 말

책략 12항

타인은 너그러운 존재가 아니다.

우리가 살아가면서 꼭 해야 할 말들이 있지요.

인간의 3대 욕구를 해소해야 할 때, 부당한 일을 당했을 때, 나의 입지를 굳혀야 할 때 등등 우리에게 필요한 일을 할 때 우리는 이 '말'이라는 것을 꼭 합니다.

그러다 보니 때로는 하지 않아도 될 말까지 하기도 합니다. 칭찬, 아첨 혹은 비방, 음해 여러 가지가 있겠지요.

전자의 경우엔 완급 조절만 잘하시면 선생님께 괜찮은 성장 재료가 될 수 있지만, 후자의 경우엔 조금 주의가 필요하겠습니다.

보통 우리가 남을 비방하거나 음해할 땐 나름의 이유가 있습니다.
남이 나에게 위협적일 때가 가장 대표적이지요.

저는 선생님께서 타인의 위협을 단순히 '외부 자극'으로만 인지하셨으면 좋겠습니다.

물론 외부 자극을 온전히 외부 자극으로만 받아들이지 못하는 사람도 분명히 있습니다.
'나'와 남을 이해하지 못한 사람이 바로 그렇습니다.
하긴 내가 '나'도 이해하지 못하는데 무슨 남을 이해하겠습니까.

 '나'도 이해하지 못한 채로 남을 이해하려, 아니 이해하는 척하려니 마음이 괴롭고 인간관계가 힘든 겁니다.

비방이나 음해 같은 하지 않아도 될 말들까지 하게 되고
말입니다.

내공을 쌓으셔야 합니다.

그래야 남이 내 앞에서 고함을 지르고 쌍욕을 퍼부어도
아무렇지 않게 내 할 일을 할 수 있어요.

하지 않아도 될 말에는 또 한 가지가 더 있지요.

아껴야 할 말이요, 선생님.

.

아껴야 할 말에는 무엇이 있을까요.

선생님의 시련이나 상처, 선생님의 가정사나 소득 수준.

이것들은 입 밖으로 꺼내는 순간 선생님께서 손해 본다고
생각하시면 됩니다.

남은 결코 선생님을 이해해 주지 않습니다.

아, 이해해 주는 척은 합니다.

당분간은 배려도 해주겠지요.

그러나 그것도 잠시, 잠깐입니다.

결정적인 순간이 닥쳤을 때 선생님께서 했던 말들은 반드
시 비수가 되어 되돌아올 것입니다.

'지가 당해놓고 왜 나한테 지랄이야?'

'어휴, 그런 환경에서 컸으니 저 모양 저 꼴이지.'

'역시 없이 사는 놈은 수준이 밑바닥이네.'

'있는 놈이 더 하네.'

이렇게요.

그러니 속이 답답해도, 울화통이 터질 것 같아도 하소연은 집에서 벽 보고 하세요.

내가 아닌 남이라는 것이 이렇게 무섭습니다.

이게 바로 '남'이라는 것의 속성입니다.

이외에도 아껴야 할 말은 또 있지요.

상대를 조롱하거나 희롱하는 말, 비밀.

이것들도 선생님께서 하시면 대체로 손해 볼 말들입니다.

우리끼리만 한다고요?

같이 떠드는 사람의 입이 무겁다고요?

천만에요.

우리끼리만 욕하는 줄 알았는데 시간 지나면 지들끼리 내 욕을 하고 있습니다.

하고도 안 한 척, 무거운 줄 알았던 그 입은 오직 나에게

만 무겁고요.

 남은 아름답거나 감동적인 무언가, 상상 속에
존재할 것만 같은 초월적인 존재가 아닙니다.
남은 그저 남일 뿐입니다.
남은 그저 나처럼 '나'를 생각하는 또 다른 '나'
를 가진 존재일 뿐입니다.

남을 바로 보셔야 남을 이해할 수 있습니다, 선생님.

관계를 유지하기 위해 노력하되, 그 노력이 오롯이 나만의 것은 아닐 것. 관계를 발전하기 위해 배려하되, 그 배려가 오롯이 나만의 것은 아닐 것. 관계를 개선하기 위해 시도하되, 그 시도가 오롯이 나만의 것은 아닐 것.

'관계'를 착각하지 말 것

4장

이제 꿈에서 깰 시간입니다

선생님, 안녕하세요.
오늘은 그렇구나 정신에 대해
이야기 나눠보겠습니다.

그렇구나 정신

책략 13함

애쓰면 애 닳는다.

남을 알았으니 이제는 관계를 알아야겠지요.

사람은 날 때부터 사람과 연을 맺습니다.
우리는 그것을 천륜, 가정, 또는 작은 사회라고 부릅니다.
우리의 첫 관계 맺음이지요.
더 나아가서는 다른 작은 사회 속 사람들과 연을 맺습니다.

그런데 참 신기한 것이 있습니다.
부모에게는 열 손가락 깨물어 안 아픈 손가락이 없다고들 하지만, 분명 유독 아픈 손가락이 있습니다.

하물며 가족이 아닌 남은 어떨까요.

누구나 나에게 더 아픈 손가락이 있고, 덜 아픈 손가락이 있겠지요.

모두가 모두에게 중요한 사람이 될 순 없습니다.

저는 선생님께 모두에게 인정받고 싶고, 필요한 사람이 되고 싶은 욕구를 내려놓아야 한다고 가장 먼저 말씀드리려 합니다.

선생님께 중요한 사람은 정작 선생님을 중요하게 생각하지 않고, 선생님께서 절실하게 필요한 사람은 정작 선생님이 절실하지 않을 수도 있습니다.

누구에게나 중요한 사람, 필요한 사람이 되겠다는 말은 누구에게도 중요한 사람, 필요한 사람이 되지 않겠다는 말과 같습니다.

그만큼 사람이 사람을 중요하게 여기고, 필요하다고 생각하는 것은 아주 희박하고도 뜻 깊은 일입니다. 그래서 가치 있는 것이고요.

누구나 다 중요해지고 필요해진다면 그것은 아무도 중요하지 않다는 것과 다름없지요.

특별함, 희소성이 사라지니까요.

내가 남을 중요히 대하면 남도 나를 중요하게 생각한다는 뻔한 이야기는 안 하렵니다.

사실은 그렇지도 않더구먼요.

'나를 중요하게 생각해 주지만 나에게는 그다지 중요하지 않은 사람' 그 이상 그 이하도 되지 않더란 말입니다.

그렇다고 해서 남을 함부로 대하거나 인연의 가치를 던져 버리라는 말은 아닙니다.

그저 우리는 관계와 인연의 소중함을 알고, 타인을 존중하는 태도만 지니면 될 뿐입니다.

아이러니하지만 타인을 나쁘게 대한 값은 반드시 나에게 돌아오고, 타인을 좋게 대한 값은 나에게 잘 돌아오질 않습니다.

그렇지만 인망이 두터워질 수는 있겠지요.

나쁜 것이 되돌아오는 것보다야 훨씬 낫습니다.

이러한 관계의 본질을 되도록 빨리 깨달으시어 선생님께
서 크게 기대하거나 좌절하는 일이 없어야 할 텐데요. 마치
연애할 때 덜 상처받으려면 마음을 덜 주라는 말처럼 너무
나 어려운 것을 선생님께 추천해 드리고 싶진 않습니다.
사람의 마음은 그리 쉽게 다스려지지 않으니까요.

후회가 남지 않을 정도로 최선을 다하라?
최선까지도 필요 없습니다.

묵묵히 지켜봐라?
필요 없습니다.

그냥 생각을 조금 바꾸면 쉽습니다.
갈구하지 않으면 됩니다.
애정이든, 우정이든, 요구 사항이든 그 무엇이든요.

생각해 봅시다.

내게 중요하지 않은 사람까지 중요하게 생각하려면 인생이 얼마나 힘들어질까요.
나를 중요하게 생각하지 않는 사람에게 나를 중요히 생각하게 하려면 인생이 얼마나 고달파질까요.

아무 의미 없습니다.

 우리는 '그렇구나' 정신이 필요합니다.

상대가 나를 알아주지 않으면
'왜 나를 알아주지 않지? 내가 이렇게 열심히 하는데 왜 한 번을 돌아봐 주지 않지?'가 아닌 '아, 나를 알아주지 않는구나. 그렇구나'로.

상대가 나를 중요하게 생각하지 않으면
'어떻게 하면 내가 중요한 사람이 될 수 있을까? 도대체 내가 얼마나 노력해야 해?'가 아닌 '아, 나를 중요하게 생각하지 않는구나. 그렇구나'로요.

관계도 결국 남과의 연결망입니다.

선생님께선 이미 남이라는 것의 본질과 속성을 이해하셨습니다.

그러니 더하고 덜 할 것도 없지요.

관계를 유지하기 위해 노력하되,
그 노력이 오롯이 나만의 것은 아닐 것.
관계를 발전하기 위해 배려하되,
그 배려가 오롯이 나만의 것은 아닐 것.
관계를 개선하기 위해 시도하되,
그 시도가 오롯이 나만의 것은 아닐 것.

이것만이 선생님의 관계를 지킬 수 있습니다.

이것이 관계의 진짜 본질이며 속성입니다, 선생님.

선생님, 안녕하세요.
오늘은 시간의 상대성에 대해
이야기 나눠보겠습니다.

시간의 상대성

책략 14항

우리는 서로 다른 시간을 걷고 있다.

'나는 아직 상처가 남아 있는데, 저 사람은 왜 아무렇지도 않지?'

'나랑 헤어진 지 얼마나 됐다고 벌써 다른 사람을 만나?'

종종 이런 사람들이 있습니다.

이미 끝난 관계를 붙들고 혼자서만 계속 아파하는 사람, 상대가 준 상처에서 벗어나지 못하고 계속해서 괴로워하는 사람, 상대가 나의 이런 고통의 시간을 뼈저리게 알아주길 바라는 사람.

우리는 가끔 상대가 준 상처에 꽤 오랜 시간 괴로워합니다.

하지만 상대는 대부분 그 일을 아주 짧게 기억하거나 혹은 기억하지 못할 겁니다.

아주 당연합니다. 시간은 상대적이거든요.

상대는 그 일을 기억할 이유도, 의무도 없습니다.

그러나 우리는 상대의 그런 태도에 더욱 상처받고 분노합니다.

그런데요, 선생님.

상대는 그럴 수도 있어요.

아니, 우리는 좀 그럴 수도 있습니다.

 왜? 시간은 상대적이니까요.
이럴 수도 있고, 저럴 수도 있는 겁니다.

선생님께선 누군가에게 상처를 준 적이 없다고 확신하십니까?

누군가에게 상처 준 일을 모두 기억하고 있다고 장담하십니까?

상대를 내 시간 속에 가두지 마세요.

우리는 그냥 상대가 기억하는 만큼, 딱 그만큼만 속상해
하면 됩니다.
뭐 하러 상대가 기억하지 못하는 일에 기억에 기억을 더
보태서 혼자만 울분을 쌓습니까.
누가 알아주지도 않는데요.

결코 상대는 내가 상처받은 만큼 똑같이 아파해 주지 않
습니다.
내가 괴로워한 시간만큼 괴로워하지 않는다고요.

생각을 좀 바꿔볼게요.

상처란 무엇일까요?

내게 이별을 고하는 것? 내가 원하는 걸 들어주지 않는
것? 내게 싫은 소리를 하는 것? 내 실수를 지적하는 것?
내 귀에 거슬리는 말을 하는 것?

글쎄요. 과연 상처일까요.
조금 더 심도 깊게 들어가볼게요.

가장 원초적인 질문을 해봅시다.
그것이 왜 상처가 되었을까요.

왜 상처가 되었나, 왜 상처가 되었나.
잘 생각해 보면 진짜 상처가 아니라 선생님께서 자라면서
학습해 온 기분의 농도일 겁니다.

단순히 상대의 언행 그 자체만으로 상처를 받으신 게 아
닙니다.
상대의 말투, 억양, 목소리 크기. 상대의 시선, 눈빛, 표정.
이 중 하나라도 선생님의 기억 속에서 무언가를 건드렸기
때문에 마음의 동요가 일어난 겁니다.

즉, 과거에 겪은 상처의 순간과 그때의 부정적인 감정이
선생님 가슴 한편에 뿌리 깊게 자리 잡은 탓이지요.
그날도 기분 나빴는데, 그날처럼 기분 나쁜 일이 생겨버
려 그날과 오늘의 기분이 더해져 기분의 농도가 진해져

버린 겁니다.

상대의 의도와는 상관없이 선생님께서 과거의 기억과 상대를 접목시켜 '상처받았다'고 생각하시는 겁니다.

혹시 타인에게 상처를 받는 일이 잦다면
'나'에게 질문을 던지십시오.

'그것이 왜 상처가 되었을까?'

내가 무엇 때문에 상처를 가장한 기분 나쁨에 자주 동요되는지 알 수 있을 겁니다.
그럼 내가 받은 상처는 결코 진짜 상처가 아니라는 것을 알게 되겠지요.

 가짜 상처와 진짜 상처를 먼저 구분하세요.

선생님 마음이 한결 가벼워지실 겁니다.
상처를 구분하셨다면, 내가 훈장처럼 간직할 만한 상처인지 흉터 치료를 해야 할 상처인지 분리해 봅시다.
인생에 교훈이 된다거나 무언가 크게 남는 게 있다면 그대로 간직하셔도 좋습니다.

그러나 선생님 인생에 있어 백해무익한 상처라면 당장 기억 속에서 삭제해 버리세요.

우리에게 상처를 준 사람들은 말끔히 기억을 도려내고 잘만 사는데, 우리라고 못 할 게 뭐 있습니까.

우리도 잘 살아봅시다.

선생님, 안녕하세요.
오늘은 화풀이법에 대해
이야기 나눠보겠습니다.

화풀이법

책략 15항

불화는 대화로 다스려야 한다.

요즘 이런 사람들이 참 많죠, 선생님.

제때 따지지 못해서 원망만 남고

하고 싶은 말 다 못 해서 병나는 사람들이요.

특히 사회초년생분들, 자영업자분들이요.

사회초년생분들은 사내 분위기 맞추랴, 상사 눈치 보랴.

자영업자분들은 손님들 비위 맞추랴, 진상들 상대하랴.

하고 싶은 말은 머리끝까지 차오르는데 그 말을 다 했을 때 생계가 걸린 뒷감당이 뻔히 예상되기에 다들 꾹꾹 누르고 참고 살아갑니다.

지금부터는 참지 않고 발산해도 뒷감당이 필요 없는 방법을 알려드릴까 합니다.
비속어, 고성, 분노 이런 것들이 섞이지 않아도 충분히 선생님 마음을 평안케 할 수 있습니다.

첫 번째로,
따질 것이 있다면 제때 따져야 합니다.
누누이 말하지만 모든 관계에서 말의 타이밍은 아주 중요합니다.
사람은 참는 데 한계가 있습니다.
항상 참아지지 않아요.
참다 참다 결국 폭발해서 그간 참아왔던 감정을 표출하게 될 수밖에 없습니다.
그런데 웬걸.

'실컷 가만히 있다가 왜 이제야?'
'그걸 왜 지금 이야기해?'

'그게 그렇게 억울했어? 말을 하지~'

이런 말들을 들어본 적 있으시겠지요?
돌아오는 말은 저런 기분 더러워지는 말들뿐이었을 겁니다. 뭔가 잘못되었지요.
선생님께선 상대방을 배려해서, 이런 말을 하면 내가 불리해질까 봐, 따질 용기가 나지 않아서 등등의 이유로 여태껏 참아오셨을 텐데요.

하지만 상대는 그렇게 느끼지 않습니다.
상대방 입장에서는 아주 좋게 마무리된 일을 한참 후에야 들춰내 따지고 들어 억울합니다.

상대의 개소리를 들었을 땐, 선생님께서 상대가 두 번 개소리를 못 하도록 확실하고 즉각적으로 따지셔야 합니다.
그래야 선생님께서도 억울하지 않고, 상대방도 후에 억울할 일이 없지요.
더불어, 되는 대로 지껄이는 상대방의 자유분방한 입을 조심시킬 필요도 있습니다.

틀린 예

A : (개소리 중)

B : (웃어넘기기) or 뭐라고요?! 지금 말 다 하셨어요?!

옳은 예

A : (개소리 중)

B : OO 씨, 그렇게 말씀하시는 이유가 뭡니까?

(또는) 다시 말씀해 보세요.

 모든 인간관계는 전쟁입니다.

내가 막지 않으면 상대는 날 쏩니다.

그러나 막기만 해도 언젠간 다치지요.

그러니 준비하시고 쏘세요, 선생님.

두 번째로,

'갑'의 마인드를 가질 필요도 없지만 '을'의 마인드를 가질

필요는 절대적으로 없습니다.

친구에게 서운할 때, 연인에게 불쾌할 때 등등 정상적인

건강한 관계라면 그 즉시 대화로 해결합니다.

그런데 그것이 망설여지는 이유는 선생님께선 지금 '을'

이기 때문입니다.

아니, 어쩌면 '병', '정', '무'까지 낮아졌을 수도 있겠지요.

계약상 갑과 을의 관계로 묶였다 한들, 모든 인간관계는 평등해야 합니다. 위아래가 없으라는 말이 아닙니다.

윗사람을 존중하되, 굽신거릴 필요는 없습니다.

아랫사람을 이끌되, 무시할 필요는 없습니다.

연인을 사랑하되, 비굴해질 필요는 없습니다.

친구와의 관계를 유지하되, 참아야 할 필요는 없습니다.

아주 사소한 문제라도 묵히고 묵히다 보면 티끌 모아 태산이 됩니다.

선생님께서도 윗사람을 존중해야 하지만, 그 윗사람도 선생님을 존중해야 합니다.

선생님께서도 연인을 사랑해야 하지만, 그 연인도 선생님을 사랑해야 합니다.

선생님께서도 친구와의 관계를 유지하고 싶어 해야 하지만, 그 친구도 선생님과의 관계를 유지하고 싶어 해야 합니다.

이것이 정상적인 인간관계입니다.
이것이 진리이고, 이치입니다.

더 이상 족쇄 같은 인간관계에 속지 마세요, 선생님.
선생님께선 노예가 아닙니다.
끌려다니지 마십시오.
처음부터 족쇄 같은 관계가 이루어지기는 어렵지요.

 선생님의 자리는 선생님께서 만드시는 겁니다.

마지막으로,
대화를 피하지 마세요.
생각이 정리되지 않아서, 더 이상 대화를 하면 화를 주체
할 수 없을 것 같아서 등의 이유로 이미 문제가 발생한 관
계에서 대화를 피하거나 단절하는 분들이 많아졌습니다.

하지만 대화 역시 타이밍입니다.
대화가 필요할 땐 대화를 하셔야 합니다.

대화는 커뮤니케이션의 기본입니다.

선생님께서 억울하고 분하고 서운한 만큼 상대도 마찬가지입니다.

대화할 의지가 있으시다면,

생각보다 생각 정리가 잘 될 겁니다.

생각보다 화도 그렇게 안 날 겁니다.

우리 인생은 드라마나 영화처럼 대본이 없습니다.

멋들어진 대사가 없지요.

좀 버벅대면 어떻습니까.

진심으로 그 관계를 소중히 여기신다면, 대화하는 것 자체에 의의가 있습니다.

대화에는 말하기만 있는 것이 아니지요.

상대의 이야기도 들어봐야 합니다.

선생님의 서운한 심정을 말씀하시되, 상대의 서운한 심정도 들으셔야 합니다.

이것이 통하지 않을 수도 있습니다.

하지만 그 전에 시도는 해봐야겠지요.

물론, 굳이 할 생각이 없으시다면 그 관계는 쇠퇴기에 접어든 것이니 건강하게 단절하는 것도 방법입니다.

 할 말을 가슴속에 너무 오래 담아두지 마십시오.

선생님, 안녕하세요.
오늘은 손절 말고 단절에 대해
이야기 나눠보겠습니다.

손절 말고 단절

```
━━━ *책략 16항* ━━━



칼은 관계를 자르는 도구가 아니다.

```

손절이라는 단어, 요즘 참 많이 쓰지요?

먼저 손절의 뜻을 살펴볼게요.

손절 : = 손절매. 『경제』 앞으로 주가(株價)가 더욱 하락할 것
으로 예상하여, 가지고 있는 주식을 매입 가격 이하로 손
해를 감수하고 파는 일.

주식 용어가 어원인가 봅니다.

인간관계는 자산이 될 순 있어도 주식은 되지 말아야 합

니다.

우리가 여기서 주목해야 할 것은 '손해'입니다.
우리는 언제나 쇠퇴기에 접어든 인간관계를 끊어내야 할
순간이 찾아옵니다.

 그런데 왜 굳이 손해를 보며 관계를 단절해야
할까요. 그냥 '단절'을 해도 되는데 말이에요.

어떻게 관계를 정리하느냐에 따라서 어쩌면 회복시킬 수
도 있겠지요.

그런데 안타깝게도 이 '손절'이라는 용어가 유행처럼 번
지면서 한 치 앞을 모르는 우리네 인생에서 인간관계, 혹
은 인연이 너무나 쉽게 끊어지고 있습니다.

손절의 방식으로는 통상 연락 두절, 시원하게 욕하고 연
락 두절, 개망신 주고 연락 두절 등이 있습니다.

왜 이러는 걸까요?

언제, 어떻게 필요하게 될 사람인지도 모르는데요.

인간관계는 필요에 의해서 맺는 것이 아니라고요?
손익을 따져 인간관계를 잘도 끊어내시면서 필요에 의해
관계를 맺는 것은 아니라니요.
더 이상 필요하지 않아서 끊어내신 것 아닙니까.

우리는 필요에 의해 인간관계를 맺습니다.

부정할 수 없는 사실이지요.
우정, 사랑 그 어떤 아름다운 단어를 앞세워도 결국 우정
과 사랑이 '필요해서' 관계를 맺습니다.

지금 당장 필요하지 않다고 해서 혹은 기분이 나쁘다고
해서 손절해 버리면 상대와 얽힌 인간관계까지 끊어지게
된다는 것을 아셔야 합니다.
A를 끊어내면 A와 A로 인해 알게 된 사람들, 그 사람들의
아는 사람들까지 모두 끊어지게 되는 거지요.

어떤 이는 이렇게 이야기합니다.

'그럼 A로 인해 손해가 막심한데 굳이 친하게 지내야 한 다는 말이야?'

친하게 지내라는 말이 아닙니다.

'너와 난 이런 부분이 잘 맞지 않는 것 같아.'
'너는 그렇게 생각하지만 나는 이렇게 생각해.'

선생님께서 정말로 관계 단절이 필요하시다면 상대와 이렇게 충분한 대화를 거친 후 얼마든지 좋은 방향으로 서로를 응원하며 헤어질 수도 있는 일입니다.

'그래. 너와 난 이런 부분들이 맞지 않으니 너와 생각이 비슷한 친구들을 사귀었으면 해.'
'너의 의견을 존중해. 그런 널 응원할게.'

오글거리십니까?
오글거릴 것도 많습니다.

상대는 절대 다짜고짜 나에게 폭언을 하지 않습니다.

그런 비인간적이고 비정상적인 ~~새꺄~~들은 정신이 아픈 거예요.

정상적인 사람은 절대 무차별적으로 폭언하지 않습니다.

그러니 선생님께서 진지하게 대화를 시도하시면 상대도 진지해집니다.

비웃을 거라고요? 그런 ~~새꺄~~는 손절하세요.

제가 말씀드리고 있는 건 어디까지나 '정상적인' 인간관계입니다.

물론, 그런 ~~새꺄~~라도 그 ~~새꺄~~의 친구들에게까지 그 ~~새꺄~~에게 유리하게 소문을 낼 수도 있으니 예방 차원에서 좋게 마무리하시는 것이 더 좋습니다.

돈을 떼이셨다고요?

돈을 받을 때까진 그 ~~새꺄~~를 잘 구슬려야 합니다.

돈을 받은 후에도 좋게 마무리 지으면 선생님께 손해될 것은 없지요.

'그래. 우리가 비록 돈 때문에 서로 힘들긴 했지만 다음부터는 이런 일이 없었으면 좋겠어. 그동안 돈 마련하느라

고생했어. 다음엔 기분 좋게 만나자.'

얄궂지만 인간관계라는 것이 그렇더라고요.
상대가 아무리 잘못해도 선생님께서 말 한마디, 행동 한 번 잘못하시면 그 잘못을 선생님께서 뒤집어씁니다.
선생님께서는 손절한 것뿐이지만, 상대의 입장에선 선생님을 나쁘게 생각하고 본인이 억울하다고 생각하게 될 테니까요.

인과응보라고 아시지요, 선생님.
선생님께 잘못한 상대는 남에게도 똑같이 잘못할 겁니다.
언젠가 반드시 누군가에겐 그 벌을 받겠지요.

 다만 선생님께서는 그 오물을 뒤집어쓰지 마세요.

선생님, 안녕하세요.
오늘은 관계 회복 가능성에 대해
이야기 나눠보겠습니다.

관계 회복 가능성

깨진 그릇은 다시 붙여도 소용이 없다는 말이 있듯이
한번 관계가 틀어지면, 신용 회복만큼이나 어려운 게 관
계 회복이 아닐까 생각합니다.

관계 회복에 있어서 무엇이 가장 중요할까요.
관계 회복에 대한 선생님의 의지, 서로를 향한 믿음, 노력
등등 중요한 것은 많겠지요.
하지만 가장 중요한 것은 관계 회복의 '가능성'입니다.

회복 가능성이 있을 때만 회복을 시도하세요.

물론 인생은 도박이라고, 시도조차 하지 않았는데 어떻게
아냐고 생각하실 수 있습니다.
하지만 선생님, 우리는 바보가 아닙니다.
상대의 눈빛, 표정, 얼굴색만 봐도 상대가 나와 이 관계를
함께 회복할 마음이 있는지 없는지를 알 수 있습니다.

그 관계를 자세히 한번 들여다보시겠어요?

관계 유지를 위해 쌍방이 노력하고 있습니까?
쌍방이 관계 연명이 아닌 관계 유지를 원합니까?
상대도 관계 회복의 의지가 있습니까?

MBTI 성격 유형처럼 제가 답변에 대한 해석을 덧붙이지
않아도 선생님께선 지금 그 관계가 어떤 상태인지 충분히
아실 거라 생각합니다.

저는 지금 '정상적인' 관계가 틀어졌을 경우 관계 회복의
가능성에 대해 선생님과 이야기 나누고 싶습니다.

관계 유지를 위해 일방적으로 노력하고, 나만 회복의 의지가 있는 관계는 정상이 아닙니다.

선생님.
안 되는 건 안 되는 겁니다.
괜히 애쓰지 마세요.

 그건 관계 회복이 아니라 매달림입니다.
가능성보다 더 중요한 건 사람입니다.

선생님의 관계가 정상적이라는 가정하에 관계회복의 종류에는 크게 두 가지가 있습니다.

1. 회복 : 틀어진 관계 바로잡기

언젠가는요, 선생님의 실수로 관계가 틀어지는 순간이 올 겁니다.

그럴 때 무조건 사과하고 빈다고 능사가 아닙니다.
마치 선생님께서 잘못하기만을 학수고대한 사람처럼 옳다구나 그 잘못을 물고 늘어지고, 비아냥거리고, 그것을 빌미로 온갖 소문에 추문에 염문까지 덧붙일 준비와 용의가 있는 사람에게는 절대 사과하시면 안 됩니다.

그런 상대에게는 사과하는 순간, 선생님께서 하지 않은 잘못도 인정하는 꼴로 비춰집니다.

사과는요, 선생님.

상대가 선생님의 잘못을 인지하고, 그것을 함께 풀어나갈 의사가 있으며, 선생님의 사과를 기다릴 의향이 있는 사람에게만 하시는 겁니다.

정신이 성숙한 사람만이 먼저 굽힐 줄 알고 먼저 사과할 줄 안다고들 하는데, 그건 상대도 마찬가지로 성숙한 사람일 경우에만 해당합니다.

선생님께서 경을 아무리 읽으시면 뭐 합니까. 상대가 소귀, 막귀면 아무 소용없는데요.

꼭 누가 알아줘야 하냐고 반문하실 수도 있습니다만, 사과는 결국 상대가 알아줘야 그 가치가 있는 것 아니겠습니까.

상대가 알아주지 않으면 그건 사과가 아니라 결국 변명밖에 되지 않습니다.

정말 사과해야 할 상대에게는 당연히 정중함을 바탕으로, 무엇을 실수하고 잘못했는지에 대한 고백에서 시작해 앞으로 어떻게 개선할 것인가로 마무리 짓는 사과가 필요합니다.

그러나 사과도 상대를 잘 보고 하시고, 아무 의미 없는 사과는 더 이상 하지 않으셔도 됩니다, 선생님.

상대의 실수로 관계가 틀어지기 시작하는 순간도 올 겁니다.

마찬가집니다.
선생님께서 상대의 실수를 분명하게 인지하고 계시고, 상대가 어떤 잘못을 했으며 그로 인해 선생님께서 어떤 마음인지 명확히 가려내세요. 그것을 전달하여 상대의 사과를 들을 준비가 되어 있고 상대와의 관계를 계속해서 이어나갈 의향이 있는 경우에만 바로잡으시면 됩니다.

선생님께서 상대의 사과를 들을 마음의 준비가 되어 있지 않고, 상대가 선생님께 사과할 준비가 되어 있지 않은 상태라면 군이 회복하려고 애쓰지 마세요.
그건 이미 끝난 겁니다.

 관계는 일방통행이 아니지요.
언제나 쌍방이라는 것을 아셔야 합니다.

2. 재회 : 시간이 흘러 관계 파기의 원인을 잊을 때쯤 다시 관계 맺기
살다 보면 이럴 때가 있으실 겁니다.

'우리가 뭐 때문에 싸웠더라?'
'우리가 그때 왜 그랬지?'
혹은
'만나다 보니 그때 우리가 왜 그랬는지 알 것 같아.'
'다시 틀어질 위기가 오니 그때 싸운 이유가 기억 나.'

새로운 사람을 사귀기보다 어려운 것이 재회라고 합니다.

우연찮은 계기로 한번 틀어졌던 상대와 다시 만났을 때
의외로 다시 잘 지내는 경우가 있습니다.
다시 막 만났을 때는 그렇습니다.

우선 반갑고, 지난날 서로 좋았던 기억만 생각 나겠지요.

하지만 관계라는 것은 아니, 사람이라는 것은 언젠가 잘못을 저지르고 실수를 하게 되니 다시 위기가 옵니다.

그러면 그제야 불현듯 떠오릅니다.

'아, 그때 우리가 이래서 멀어졌었구나.'

상대가 지난날 했던 잘못이나 실수, 상대의 태도나 방식이 현 상황과 겹쳐 보이면서 나빴던 기억을 모조리 상기시키게 됩니다.

그래서 재회가 어렵습니다.

한번 쓰레기는 영원한 쓰레기라는 말이 속담 혹은 명언처럼 떠돌지요?

한번 내다 버린 쓰레기는 다시 주워오는 게 아니라는 말도 함께요.

같은 사람이니 같은 실수를 반복하고 같은 행동을 하기 때문입니다.

하지만 언제나 예외는 있습니다.

물론 같은 사람이니 같은 실수를 반복하겠지만, 그때와

다르게 서로가 그 실수를 인정하고 잘못을 바로잡을 준비가 되어 있다면 얼마든지 회복할 수 있습니다.

어느 한쪽이라도 '아 그래. 얘가 이런 애였지' 하고 포기 아닌 포기를 하게 된다면 그 관계는 결코 회복할 수 없습니다.

다시 한번 말씀드리지만, 관계는 일방통행이 아닙니다. 서로가 어떻게, 얼마나 같이 노력하느냐에 따라 얼마든지 바뀔 수 있습니다.

관계라는 것이 그렇습니다.
내가 아무리 상대가 좋다고 해도 상대가 가능성을 내주지 않으면 관계를 맺을 수 없는 것처럼, 내가 아무리 바로잡고 싶다고 해도 상대가 마음을 내주지 않으면 관계를 회복할 수 없습니다.

서로의 마음을 모두 읽으셔야 합니다.
마음을 얻으면 가능성은 저절로 얻어집니다.

선을 넘어 무례한 사람이 되거나, 선을 밟고 서 있으면서 넘지
는 않았다며 너스레를 떠는 비겁한 사람은 되지 맙시다.

'영역'을 침범하지 말 것

5장

이제 꿈에서 깰 시간입니다

선생님, 안녕하세요.
오늘은 선을 보여주는 법에 대해
이야기 나눠보겠습니다.

선을 보여주는 법

＊책략 18항＊

인간도 영역 표시가 필요하다.

우선 선이 무엇인지를 알아봐야겠습니다.

"친구가 돈 없을 땐 늘 제가 밥을 샀는데, 이제는 친구가
돈을 벌고 제가 백수가 되었는데 밥 한 끼를 안 사줘요."

"결혼식부터 집들이, 출산용품까지 다 챙겨줬는데 정작
제가 결혼하고 출산하니 아무것도 안 해오는 친구. 어떻
게 해야 하나요?"

"저는 매년 친구들에게 생일 선물을 챙겨주는데 매년 제
생일에는 다들 모른 척해요."

이건 선이 아닙니다.
기본적인 것을 지키는 것은 선이 아니라 상식이
고, 도리예요.

간혹 이런 상황에서 이렇게 말하는 사람이 있더라고요.
"이해해라, 걘 몰랐을 수도 있지. 걘 중요하게 생각하지
않았을 수 있잖아"라며 남 일에 감 놔라 배 놔라 하는 사
람들이요.
이건 강요입니다.
아니, 선생님께서 안 괜찮다는데 네가 왜요?
중립인 척, 모두를 화합시키고야 말겠다는 굳은 결의가 선
척, 그것이야말로 모두를 위한 길이라고 착각하며 선생님
의 양보와 배려를 강요하는 사람은 정신 차려라, 진짜.
잘하자.

나의 영역.
저는 이것이 선이라고 생각합니다.
타인이 나의 영역을 침범하는 것.
저는 이것이 선을 넘는 행위라 생각합니다.
그렇다면 사람들은 모두 하나의 동일한 선을 긋고 살까요?

아니지요.

일전에도 선생님과 이야기 나눴지만, 선생님의 성격이 하나라고 단정 짓지 마세요.
선생님 내면엔 분명 칼 같은 냉정함도, 갈팡질팡하는 우유부단함도, 상대에 따라 휘어질 줄 아는 융통성도 분명 골고루 있습니다.

 우선 선생님께서 선생님의 기준선을 상대에게 일방적으로 강요하고 있는 것은 아닌지 확인하시고, 팔색조처럼 때와 상황에 맞게 선을 그어 보이시면 되겠습니다.

선에 빗대어 사람을 세 가지 유형으로 나눠봤습니다.

직선형 : 선이 확실해 칼 같은 사람

점선형 : 선이 불분명해 우유부단한 사람

곡선형 : 선이 유연해 때때로 선을 구부릴 줄 아는 융통성 있는 사람

우리 사회에서는 대개 융통성 있는 사람을 선호합니다. 칼

같은 사람은 다가가거나 대하기 어렵다고 싫어하고, 우유
부단한 사람은 줏대 없고 답답하다고 싫어합니다.

하지만 인간은 하나의 성격만 갖고 있지 않다는 것을 우
리는 이제 압니다.
가끔은 칼 같은 모습을 보여줘야 할 때가 있지만, 아주 가
끔은 모른 척 우유부단한 모습을 보여줘야 할 때가 있고,
또 아주 가끔은 상대를 융통성 있게 대해야 할 때가 있는
법입니다.

그러니 어떤 선을 가질 것인가는 큰 고민거리가 아니지요.
그저 이러한 선의 유형들이 있다는 것만 알고 계시면 됩
니다.

선생님께서 그중 어떤 기준선을 가지고 계신지는 모르겠
습니다.
허나 분명히 가지고는 계시겠지요.
기준선이 없는 사람은 없습니다.
예의, 인성, 가치관, 대화 방식 등등 모든 것에 선생님만의
기준이 있으실 겁니다.

그것을 드러내느냐, 드러내지 않느냐, 혹은 어떻게 드러내느냐에 따라 직선형, 점선형, 곡선형으로 갈릴 뿐입니다.

진짜 고민거리는 따로 있지요.
선생님의 기준선을 어떻게 상대가 알게 할 것인가.

우리는 상대와 주고받는 말과 행동에서 나만의 기준선을 내포하여 어필 아닌 어필을 늘 하고 있습니다.

부정의 말로는,

'아 나 저런 사람 꼴도 보기 싫어.' = 네가 저런 사람이 된다면 손절할 거야.
'저런 행동 진짜 정떨어져.' = 네가 저런 행동을 한다면 오만 정이 다 떨어질 거야.
'어떻게 저런 행동을 할 수가 있어?' = 설마 네가 저러진 않겠지?

긍정의 말로는,

'난 저렇게 하는 사람이 좋더라.' = 좋은 말로 할 때 저렇게 해라.

'저런 행동을 하다니 정말 대단해.' = 너도 저렇게 해라.

'저 사람 정말 된 사람이지 않아?' = 참되어라, 이 ~~새끼야~~.

가 있겠습니다.

선생님께서 어떤 기준선을 가졌든 여러 방식으로 표현하실 수 있습니다.

문제는 서로를 지키는 '선 긋기', 나를 우선시하는 '선 강요', 사람을 잃게 되는 '선 남용'을 잘 구분하셔야 한다는 겁니다.

선생님께서도 선생님만의 기준선이 있듯이 상대에게도 상대만의 기준선이 있습니다.

사회 통념적인 기준선(기본 예법과 도리, 도덕 등)을 제외하고는 개개인의 교육관과 가치관에 따라 선이 형성되지요.

선생님껜 청천벽력 같은 일이 상대에게는 아무 일도 아닐 수 있듯이, 선생님껜 있을 수 없는 일이 상대에게는 있을 수 있는 일입니다.

그러니 무조건 '내 기준선이 옳고 정확하니 넌 따라야 해'
라고 강요할 수는 없는 노릇입니다.
국민 학생 때처럼 책상에 선 긋고 넘어오면 죽인다는 식
으로 선을 남용할 수도 없는 노릇이고요.
상대의 기준선을 존중하며 선생님께서 조금 내려놓을 필
요도 있습니다. 물론 상대 또한 선생님의 기준선을 존중
하며 본인 기준선을 조금 내려놓을 줄도 알아야겠지요.

선이라는 것이 긋는 사람도, 그어지는 사람도 그 기준이
모호해서 감정이나 주관에 따라 늘 변하기 마련입니다.
하지만 온전히 내 가치관을 바탕으로 한 내 영역의 표시
이기에 괜찮습니다.

 나를 알고 남을 알며 관계의 원리를 이해하는
선생님이라면, 반드시 타인에 대한 존중을 바탕
으로 한 선을 찾으실 테니까요.

선생님, 안녕하세요.
오늘은 이상한 선 구분법에 대해
이야기 나눠보겠습니다.

이상한 선 구분법

기분은 선이 될 수 없다.

이제 선은 알겠는데, 이상한 선은 뭐냐고 생각하실 텐데요.

왜 간혹 그런 사람 있지 않습니까, 선생님.

자기도 자기 마음을 잘 모르면서 남들에게 자기 입맛을

맞추라고 하는 당혹스러운 사람들이요.

이런 사람들이 손절은 또 칼 같이 합니다.

'그걸 왜 몰라?'

'말하기 전에 알아챘어야지.'

이처럼 다소 귀여운 유형이 있는가 하면,

'내가 빨리 하라고 했어, 안 했어?'
'내 앞에서 인상 쓰지 말랬지.'
'보자 보자 하니까 이게 아주 기어오르네?'

이런 얼탱이 없는 개소리를 해대는 유형도 있습니다.
보통 이런 사람들은 어떨 땐 그 기준선이 적용되고 어떨
땐 또 그 기준선이 적용되지 않습니다.

요즘 아주 좋은 유행어가 있더라고요.
'내로남불'이라고 내가 하면 로맨스, 남이 하면 불륜이라
는 말이요. 딱 내로남불형 스타일입니다.

본인이 빨리 안 하면? '그럴 수도 있지~'
본인이 인상 쓰면? '내 마음인데?'
본인이 기어오르면? '너랑 나랑 같냐?'

자, 어떨 땐 좋고 어떨 땐 싫다?
그건 그냥 지 기분이 좋거나 안 좋은 겁니다.

선이고 나발이고 없어요. 없는 겁니다.

 지 기분 내키는 게 선이고
안 내키는 게 선 넘는 겁니다.
맞춰줄 필요와 이유가 하등 없습니다. 선생님.

선은 지키라고 있는 게 선입니다만,
선이라고 해놓고 본인 입맛대로 금을 치고 있는 거라면
그건 선이 아니라 선을 가장한 이상한 선입니다.
가령, 선생님께서 상대와 백년해로할 감정이 있으시더라
도 맞춰주면 안 되는 겁니다.

사람이 상식적으로 생각해야지요.
사회 통념이 왜 있고 상식이 왜 있겠습니까.

그렇게 이상한 선을 긋는 것도 본인이 그 관계에서 그만
한 위치가 된다고 생각하기 때문입니다.
그런 상대에게 말 같잖은 위치를 내주지 마세요, 선생님.
그건 정상적인 관계가 아닙니다.
유지하려고 맞춰주는 시늉도 해줄 필요가 없어요.

사랑은, 우정은, 관계는 모든 걸 맞춰주는 게 아닙니다.
혹자는 그것이 진정한 사랑이고 우정이라 말할 수 있는
데, 그 자가 바로 내로남불 유형이 아닐까 생각해 봅니다.
(지는 그런 적도, 그럴 의향도 없으면서 상대가 무조건 지한테 맞춰
주는 사랑과 우정을 원하는 사람으로 사료됨.)

선은 선생님만 지키는 게 아니라고 분명히 말씀드렸습니
다. 더 이상 상대의 이상한 선에 현혹되지 마세요.

 관계는 상호존중이 바탕이라는 것을 항상 잊지
마시길 바랍니다, 선생님.

선생님, 안녕하세요.
아쉽지만 선생님과 이야기 나누는 마지막 시간이네요.

오늘은 선을 지키는 법에 대해
이야기 나눠보겠습니다.

선을 지키는 법

책략 20항

신호는 지키라고 있는 것이다.

이런 말이 있습니다.

상대가 좋아하는 걸 해주기보다 싫어하는 걸 하지 않는
게 제일이라고요.

그렇습니다.

상대가 좋아하는 걸 해주는 것은 환심을 사고 싶을 때,

상대가 싫어하는 걸 하지 않는 것은 진심으로 배려하고
싶을 때입니다.

여기서 포인트.

그 싫어하는 걸 하지 않는다는 것은 상대의 기준선을 지켜주는 겁니다.

그 기준선은 어떻게 알까요.

상대로부터 경고음이 들립니다.

'싫어', '하지 마' 같은 확실한 경고음이 들릴 때도 있지만, 때론 부드럽게 혹은 모호하게 경고음이 들릴 때도 있겠지요.

'이렇게 하면 좋을 것 같아.'

'이렇게 하면 싫을 것 같아.'

'그건 안 하는 게 좋을 것 같은데?'

'이런 건 하지 않았으면 좋겠어.'

이렇게요.

우리가 아무리 눈치가 없어도 상대의 호와 불호는 다 알아차립니다.

 그 경고음을 알아채느냐, 무시하느냐, 모른 체하느냐 그 결정이 관계를 좌지우지합니다.

'하지 말라고 하는데도 상대가 계속 그래요.'

'상대가 좀 눈치 없는 편이라 여러 번 이야기해도 잘 모르는 것 같아요.'

'처음엔 알아듣는 것 같았는데 요즘은 계속 지적해도 잘 못 알아들어요.'

그 경고음을 모른다는 건 있을 수 없습니다.

상대는 분명히 알고 있습니다.

선을 대하는 자세가 다를 뿐입니다.

선을 대하는 인간의 유형은 크게 세 가지입니다.

1. 선을 지키는 자

상대의 호와 불호를 명확히 알고, 상대의 기준선을 위태롭게 만들지 않으며, 존중하여 지킬 줄 아는 사람

2. 선을 넘는 자

상대의 호와 불호를 명확히 알지만, 상대의 기준선을 하찮게 여기며, 존중하지 않고 무시하는 사람

3. 선을 밟는 자

상대의 호와 불호를 명확히 알지만, 상대의 기준선을 위태롭게 만들며, 얼마나 명확하든 언제든 마음만 먹으면 그 선을 넘어갈 수 있다는 것을 암묵적으로 보여주는 사람

그런데 왜 우리는 선을 지키지 않는 사람을 보고도 그것이 눈치가 없어서인지, 정말 몰라서 그런 건지, 진짜 그 선을 무시하는 건지 헷갈리는 걸까요.

선을 지키는 자의 유형은 말할 필요도 없지요.
하지만 선을 넘는 자와 선을 밟는 자는 어떨까요.

쉽게 말해서, 선을 넘는 사람은 본인이 그은 기준선만 중요한 사람입니다.
상대가 어떤 기준선을 긋든 전혀 상관없습니다. 그저 본인의 기준선을 상대가 지키느냐 지키지 않느냐만 중요할 뿐입니다.

그렇다면 선을 밟는 사람은 어떨까요.
상대를 본인 발아래에 두고 싶어 하는 사람입니다.

상대가 얼마나 명확하게 선을 긋든, 그 기준선이 높든 낮든 본인은 언제든 상대의 기준선을 박살 낼 수 있다고 생각하는 겁니다.

원한다면 얼마든지 내 기준선에 상대를 맞춰서 본인 입맛대로 휘두를 수 있다는 이야기예요.

'나는 네 기준선이 마음에 안 들어. 그러니까 넘어갈게~' 하고 선을 넘는 사람은 없습니다.

실제로도 선을 대놓고 넘는 사람보다 알게 모르게 속된 말로 깔짝깔짝 넘을 듯 말 듯 선을 밟고 있는 사람이 더 많습니다.

그래서 헷갈리는 겁니다.

사실 선을 지키는 것이 정상이고 기본이며 아주 당연하지요.

상대가 선을 넘고 있다는 신호를 받으시면 더 이상 헷갈리지 마세요.

우리가 흔히 자세가 안 되어 있다고들 하지요?

맞습니다. 그들은 선생님의 선을 대하는 자세가 안 되어 있어요.

선생님께선 상대의 선을 대할 때 어떤 자세인지요?

 선을 넘어 무례한 사람이 되거나, 선을 밟고 서 있으면서 넘진 않았다며 너스레를 떠는 비겁한 사람은 되지 맙시다.

에필로그

선생님, 지금까지 저와 함께 이야기 나눠주셔서 깊이 감사드립니다. 정말 고생 많으셨어요.

저는 선생님과 이야기 나눌 수 있어 정말 기뻤습니다.
선생님의 나쁜 기억과 상처는 당분간 제가 안고 있을게요.
저의 책략이 도움 되어 선생님께서 단단해진다면 다시 저를 찾아와 주시겠어요?
그때쯤이면 저는 훨씬 작아져서 못 알아보실 수도 있겠지만요.

그동안 부디 그 밖의 모든 것들이 순탄하고 건강하게 지켜지기를 멀리서나마 항상 응원하고 기원하겠습니다.
힘들고 괴로울땐 언제든 이 책을 펼쳐 저를 찾아주세요.

선생님의 영원한 책사, 김불꽃 올림

이제 꿈에서 깰 시간입니다

2021년 1월 29일 초판 1쇄 발행

지 은 이 | 김불꽃
펴 낸 이 | 서장혁
책임편집 | 장진영
디 자 인 | 풀밭의 여치
마 케 팅 | 한승훈, 최은성

펴 낸 곳 | 봄름
주   소 | 서울시 마포구 양화로161 케이스퀘어 725호
T E L | 1544-5383
홈페이지 | www.bomlm.com
E-mail | edit@tomato4u.com
등   록 | 2012.1.11.
I S B N | 979-11-90278-51-5 (03190)

봄름은 토마토출판그룹의 브랜드입니다.